宇宙間慈悲的力量，感謝這一刻
全宇宙都在幫助我。
每一件事、每一個人、每一樣東西
都是另一個我，
在幫助這一刻的我覺醒。

讓我的功課，變成我的精采

成功、金錢、豐盛與向上走的智慧

Learn the Wisdom That Westes No Human Life

章成 ________ 著

目次

1 懂得「整理」就懂「命理」 9

2 氣質蛻變才能向上走 73

3 轉動富貴的太極 137

1
懂得「整理」就懂「命理」

☆現實社會真的殘酷嗎？

現在這個時代，如果以相對物價來看，年輕人剛出社會所領的薪水是倒退的，比起四、五年級的人出社會的時候領得還要少。有時候網路上還會流傳以前報紙的徵才廣告，一個基層的作業員起薪就有兩萬八、業務員更有三萬塊以上。還不用說，那時候的房價可能只有現在的一半。

先放掉「從不滿與抱怨，去看當今社會」的角度

然而高靈說，如果因為這樣，你就變成了憤世嫉俗的酸民，那你無形中也變成了，只會純粹就「金錢數字」去衡量你的處境的人了；那麼你就看不到，你生在這個時代，也有以前的世代所沒有的，很多的幸福與優勢。

倘若這些幸福你沒有去感受、這些優勢你沒有去把握，卻把自己一切的不順心，都推給了社會，或者是上一代，那你就沒有看到，也有很多年輕人跟你不一樣，他們有去感受到生在這個時代的幸運之處，懂得把握身在這個時代的優勢；所以他們的人生正在起飛，

他們已經在乘著「理念崛起」（註1）的浪頭，去累積他人生的第一桶、第二桶、甚至第三桶金了。

而憤世嫉俗的酸民還在哪裡呢？是否還在仇恨著有錢人，憤恨著某些政治人物、某些黨派，然後成天刷著同溫層裡面的文章，日復一日地敲著鍵盤抒發不滿？

若要去談整個社會的發展何以致此，那就是在談所謂的「大因果」。但是既然是大因果，所有的人在裡面就都是有責任的，並不是說都丟給政府、財團、上一代去扛就好。舉一個例子來說，如果有實際比較過台灣和日本，各行各業最基層的工作品質，你就會知道那真的是差很多。所以當你在罵高官的時候，請回頭想想，你每天去上班的時候，所給出的工作品質高嗎？你工作的成果細緻嗎？你做自己手上的事情的時候，真的有為了別人著想，所以想把它做得更好的動機嗎？還是也只是為了餬口飯吃，不得已而在上班的？

然而以相對物價而言，台灣現在的工錢卻是比日本貴，可是並沒有給出應該給出的品質，敷衍粗糙，自我感覺良好的人一大堆。那麼，如果你的工作發展上不去，這些是否也是原因之一？其實真的珍惜好員工、好人才的老闆或企業，在台灣也是有不少的。他們手底下也有一群人才聚集，正在蒸蒸日上地往前進，為什麼你不是其中的一員呢？

你的薪資雖然漲不多，可是你的生活條件和資源條件，早就比三、四十年前好得非常多了。可是說實在的，現在摸摸魚就想要下班回家，拿了一份薪水卻沒有認真幫人家做事的基層員工，其實是非常非常地多的。所以很多企業的老闆為什麼在調薪的時候不甘不願，這也是一個很重要的原因。因為他們知道，即使給員工再多一點錢，他們還是不會想要認真做事的。

真相是：有很多人打從心裡面就不想為別人工作，甚至根本的心態就是不想要工作，只是為了生存，沒辦法所以才去上班。像這樣的基層工作者，人數是非常可觀的。如果說，普遍大家工作的素質都成長了，也很敬業與努力，可是企業還是不願意給出高薪，那你也可以看到，人才自然就會外移。所以台灣確實有很多人才，因為企業給不起高薪，他們就流動到別處去了，他們確實是有出路的。同樣的，只要你是人才，你的生涯就一定會有出口，一定會有地方需要你，你可以流動到歡迎你的地方去，你不需要領這份你覺得不合理的低薪。

所以今天我們不是要去談這個「大因果」。如果又淪為在追溯「誰對誰錯、誰錯得比較多」裡面吵來吵去，大家都知道這絕對是吵不完的，也對我們自己無益。所以本文的重點要放在：「不管社會將要怎麼演化，如果自己要往更好的方向發展，可以怎麼走？」

如果你也想要把心思放在這個重點，那你就要先放掉「只能從不滿與抱怨，去看當今社會」的這些固定角度，才能夠看到，生在這個時代，你其實擁有的幸福與優勢；這樣你才能夠真的有那份「心情」，去幫助你自己過得更好、更豐盛。反正原先那些讓你忿忿不平的角度你都很熟悉了，再三重複，也不會讓你的人生有所突破，不是嗎？所以如果你願意，你就可以繼續看下去，因為老師會提供你一些，你可能沒有想過的角度。然而如果你一定認為只有誰垮台了之後你才會甘心，或是認為只有等世界重新洗牌你才會有好日子過的話，那老師也只能祝福你了。

「窮爸爸」和「富爸爸」主要在思維方式不同

首先，其實不只是年輕人，活在現今社會的大部分人，都忽略了一個角度：雖然你現在錢賺得沒有以前多，但是你的通訊能力之強、移動速度之快、移動的自由度以及資訊獲取的成本之低，都是從前的人無法企及、甚至一輩子都未曾享受過的。例如，光是一台智慧型手機，以及這個世界幾乎你所需要的資訊，全部都已經以網路連結起來的這個擁有，古時候就沒有任何一個帝王享受過，這其實是很大的富貴的寶藏。當然如果你只會用手機來玩遊戲和追劇的話，你就會像佛經所比喻的那樣，有一個乞丐身懷無價寶珠，可是他每天卻依然外出行乞，從來沒有善用那顆寶珠，去讓自己的人生發光發亮。

為什麼在一支手機就可以讓你變成「千里眼和順風耳」的時代，這支手機卻沒能變成滋養你的心靈、累積你眼界、整理你的所學，於是讓你成為一個「別人願意花更多錢來雇請你」的人呢？可是就在你玩手遊的同時，也有跟你同樣年紀的人，正在透過網路的各種資源，加速他的學習以及與他人的合作的機遇，而即將成為在未來綻放頭角的明日之星呢！

再延伸這個道理，有很多人身邊其實有很多現成的資源，但他不會去善用，甚至一直視而不見，卻只看得到他「沒有的」、「缺乏的」，所以他就一直有一種覺得自己很窮的心態。然而這種心態會自動屏蔽掉各種可以幫助他成長的機緣，所以他的生涯發展跟那些能夠往上走的同儕相比，就差距愈來愈大了。

例如有的人跟朋友一起出國自助旅行，其實彼此的收入都是差不多的，可是到了國外那些很有文化的地方，朋友想要去見識一些人家推薦的好地點，他就老是會說：「那家餐廳比較貴，我不去。」「那個進去要收門票，我不去。」「那個表演太貴，你們去。」他的理由是：我光在外面不用花錢的地方看，就已經看不完了，何必還要再多花錢？

但這就好像一個人跋涉千里才到達一座寶山，他卻站在門口仰望那個大門說：「光看大門我就覺得很美、很壯觀，這樣就夠了，寶山就不用進去了。」是一樣的荒謬。因為正是連最外圍的大門都做得如此莊嚴、美麗，所以裡面的東西肯定更會打開我們的眼界，怎麼可以就此止步呢？

其實這正是所謂「窮爸爸」和「富爸爸」思惟的不同。「窮爸爸」的思惟方式，就覺得他已經花了一大筆錢出來旅遊了，所以出來以後就能省則省；「富爸爸」的思惟則會覺得，正是因為已經花了一大筆錢出來旅遊，那麼每個地方最精華的養分在那裡？若是還做得到，就是要去加碼、去體驗，才會讓這筆已經花出去的旅遊經費，價值發揮到最大。

可見窮爸爸在看待金錢的時候，他就只能夠看見那個「數字」，金錢數字只要減少，他就認為是損失；而富爸爸則願意用金錢去得到體驗，提升自己對於價值的辨認能力。因為他明白，當自己透過這些體驗，知道怎樣做事對別人而言可以產生更高的價值時，更多的金錢就跟著進來了。

其實那個享有盛譽的餐廳，你真的吃不起嗎？也許仔細一想，你可以有幾餐買買超商的東西果腹，取代去那些不上不下的中價位餐廳吃飯，就可以平衡回來了。但是那個頂級餐廳所為你帶來的享受、體驗和學習，就會去滋養你的「品味」和「對生活的感謝」。而這兩個元素，才是一個人日後會一直富有上去的原因。

一個一直在選擇便宜的東西、很怕花錢的人，他其實是一直在跳過可以讓他滋養自己（感覺被愛）以及提升品味的機會的。結果他的人生發展，也很快會碰到天花板，因為世界上有很多的好東西，他都會光憑「價格」超過他所認定的「價位」，一開始就被他拒於門外。所以他也就沒有眼界，去看出他在自己的工作與能力上，其實是有什麼樣的不足？哪裡可以做得更打動人心？他也無法去辨識所謂「好的東西」、「好的服務」、「好的應對」、「好的搭配」、「好的管理」，究竟還有哪些層次和境界？他就會一直停留在他的那口觀念的井裡面，認為錢很難賺，認為有錢的人都是靠出身背景、靠豺狼虎豹的黑心方法、靠投機取巧的鑽營，才會致富的。

然而，就算他總是選擇便宜的東西在買，可是有一天，當他發現連便宜的東西也不斷在漲價時，他就會淪陷在一直去批評人家漲價有多麼不道德、社會演變成這樣都是誰害的等等的憤怒情緒之中了。可是無論他怎樣批評、怎樣不爽，明年物價又漲了，而他的職位、薪資呢？還是原地不動（甚至是被削減福利，變相減薪），那他就會變成一個心裡有更多刀和劍的人了。

可是這些刀刀劍劍，插得都是自己。因為每次只要一看到別人在「吃香喝辣」（雖然那也是他自己的認為），他就會插自己一刀。高靈說，其實這就是一種「地獄的生活模式」。可是這個「地獄」並不是別人來對你「人踩人」，而是你自己每天在不斷地「把你自己比下去」的。

也就是說，是你自己把自己，放到那個沒有辦法長進的位置與階層裡面去的。

所以一直在說自己窮、東西貴的人，你有持續地在生活中，為自己的未來去「捨得」與「付出」金錢，累積成為富爸爸該有的價值辨識能力嗎？這是你可以謹慎去思考的。

社會M型化，你在哪一端？

接下來要來講第二個關於當前社會，你可能也沒有察覺到的角度：

雖然有很多人一直在強調，這個時代的薪水比以前少，但那都是用底薪或起薪在看的。可是另外一方面，在獎金的部分，現在卻比以前的時代可以拿到的金額幅度，高出非常地多。

也就是說，三、四十年前，在公司裡面能拿到五十萬獎金，可能就已經是非常高了；可是現在的獎金（績效、分紅、年終），是可以到達四、五百萬，甚至更多的。而能夠拿到這樣額度的獎金的人，也比以前的時代要多出很多。所以你說哪一個時代比較好呢？

這就好像，以前的歌手想要一夕成名，除非是唱片公司砸大錢力捧，或是家財萬貫的父母自己出資幫小孩出片，否則你根本別想出頭。可是現在沒錢的人，光靠網路就可以一夕成名；或是十年之內就從一個小公司變成跨國大公司的人，比以前多太多了！你如果問這些人，那他們會覺得哪個時代比較好呢？

所以哪個時代都有它的限制，可是也有那個時代獨特的優勢，重點是你看見了什麼？現在這個時代的特徵，就是「社會M型化」，那你在「社會M型化」裡面看見了什麼？有的人只看見自己「窮」。可是現在有很多人在喊窮，其實是因為這個M型化的發展，讓你的「窮」被突顯出來了。

其實台灣半世紀以前，幾乎大部分人都是一樣窮的，如果你也生在那個時代，大家都一樣窮，你反而就不會抱怨了。可是有些不想窮的人反求諸己，去找活路、去開拓視野，去克服恐懼投入未知，在裡面勤懇努力，他真的就慢慢有錢了，那麼他的人生軌道，當然就會跟只想「錢多事少離家近」的人，逐漸地分開。可是在這個分開的分界點出現的時候，你卻跑去跟那個賺錢的人說：「是你們造成了貧富差距的擴大。」這樣子不去檢討自己的仇富心態，一竿子打翻所有走向富裕的人，又無視於人家對社會的貢獻，這並不是公允的。

現在有很多酸民一直在酸有錢人想盡辦法逃漏稅，其實坦白說，那些企業家再怎麼逃漏稅，他一年繳的稅也比這些酸民一輩子繳得還多。所以馬路上的柏油路、高速公路的維修費用……各種你每天在使用的城市基礎建設，講白了，人家出的錢遠比你多太多了，所以究竟是誰的貢獻對社會比較大呢？更不用說以工作量來說，你可以看看自己的一天是怎麼過的？和一個企業家，或任何一個自己創業、開店的人比較看看，人家真的會比你輕鬆嗎？

這個社會的發展，當然有財團炒作、官商勾結所造成的M型化問題，這個部分確實是不可取的。但是你如果只看到這個角度，你就會把自己過得不好的責任，統統推給別人、推給這個「M型化」的發展去承擔，讓很多明明也對社會很有貢獻的人，因為你的仇恨而被否定，擴大了社會的對立。

「科技發展」加速了M型化

那麼這裡就有第三個角度，是很多人不了解的：其實「發展科技」的這件事情本身，就會帶來社會的M型化，這是地球教室這個學習層次，很重要的特徵之一。

也就是說，即便沒有炒作，光是科技的進步，尤其是交通運輸與資訊流通的速率加快，社會一樣會發生財富M型化的發展。因為當人移動的自由度大幅增加、知識獲取的成本大幅降低、資訊傳播的速度飛速成長，它就會讓「有學習的人」和「沒有學習的人」的差別，變得愈來愈巨大（註1）。所以當網購興起，原先的零售業者規模再大，若固守陳規，沒有重新創造自身價值，也會在幾年之內紛紛倒閉關門。再看看才不到半世紀之前，世界首富排行榜上的人物，原本都是製造業者，可是轉眼間，現今的首富排行榜，已全部變成了IT產業，並且各地首富的資產，也遠遠超過過去的首富資產甚多。

所以富人圈也一樣要面對這個M型化的巨大挑戰，有很多人可以突然間異軍突起，也有很多人突然間就被刷下來。那麼，那些突然被刷下來的人，他們也會很痛苦啊，只是你不知道而已。所以社會M型化並不完全是因為房地產等等商業炒作而造成的，科技發展所帶來的「加速」，本身就是一個「因果放大器」，它在「普及」的同時，也催生了M型化。

所以就神佛的智慧高度來看，在地球這個輪迴教室的起承轉合裡面，有些時期就是會變得比較M型化，這是很正常的。這就像颱風季節來了，就比較容易有颱風形成；等冬天到了，形成颱風的大氣環境改變，颱風自然也就不容易有了。那麼現在的人類，在這一兩百年內，又走到了科技猛進、但人心變得比較不懂得感謝的時期，所以M型化就是全球的自然趨勢，不是你怎麼酸它就會改變的。

而你會選擇在這個時期投生來地球，就表示在這裡面，也有你該學習的功課要做。所以高靈說，所謂的學佛，就是在任何境遇裡面都可以看到「空性」——也就是你都能夠在別人定義的絆腳石裡面，去看到讓它成為你墊腳石的那個角度，那這就是有智慧在開展。所以這個時代有這個時代可以走向成功、走向豐盛的路徑，你如果想要，你也可以去走，你是不需要耽溺於負面情緒當中的。

其實你擁有好多資源和機會

接下來要講的是第四個，很多酸民也沒有去看的角度：

以前，在台灣大部分的人都還比較窮、市中心都很小、一離開市區就是稻田鄉下的時代，百貨公司裡面還會賣一些指甲刀、學生服這些很生活的東西，因為這樣大家都能夠進去逛，也可以買得很開心。但是當台灣整體的經濟開始繁榮以後，漸漸就有很多在社區鄰近開店的生活小百貨店，也開始賣同樣的東西，所以百貨公司就必須升級，賣更高檔的東西，才能夠區隔出市場，讓大家繼續願意去逛。當然也由於經濟開始起飛，所謂的「台灣錢，淹腳目」，這些百貨公司的東西普遍大家也都買得起，所以當時大家等於是「共享共榮」的狀況，也就相安無事。

但是隨著社會的繼續發展，財富M型化的現象開始明顯，有一部分人不只是一般的富裕，而是晉升為富豪等級了。所以百貨公司就開始引進一些國外的頂級奢侈品店，或是進駐一客可能要價四、五千塊餐點的餐廳；到後來，甚至會有比國際一線精品更高單價的訂製服、訂製珠寶等服務在台灣出現。

以前因為台灣不夠富裕，這些富豪去的名店，只能在巴黎、東京、紐約存在，所以這些消費層面，台灣的一般人便接觸不到、也看不到，大家心裡就不會起漣漪。現在就是因為台灣富裕起來了，有更多本地的富豪能夠支撐這個高端市場，所以巴黎的東西變成來台灣開店、東京的東西也在台灣設櫃了，於是才變成你在生活中，也可以看見這些高端消費場所。結果當你看到人家穿著華麗、在逛那些精品店、提得大包小包，或是看到人家出入某些頂級餐廳時，你就覺得你很窮、很渺小。可是重點是，那本來就不應該是這個階段的你去消費的，那本來就不應該是你去羨慕或嫉妒的，因為那本來就是另一個經濟階層的生活。

你現在能夠去一般的百貨公司——就算是在平價的大賣場，買那裡的衣服來穿得漂漂亮亮——其實你都已經比以前貧窮年代的人，過得好太多了！而且這些東西你都付得起。也就是說，你現在的生活已經比以前年代的人好很多、優渥很多了，那為什麼你還在喊窮？你其實並不窮，你只是不需要去羨慕那麼高階層的富裕生活而已。

所以當你在台灣，可以看到這些富裕階層出入的場所，或在路上看到很多藍寶堅尼經過，你不要產生貪嗔癡，覺得說「平平都是人，為什麼他有你沒有」。高靈說，如果你要這樣比，那是沒完沒了的。其實你已經是很幸福、已經是過得很好的了；在地球上，你已經是投生在一個很平安、很富裕的地方了。

如果你想要再更富裕上去，可以呀，那當然就是你自己要再更加地努力。也許你努力過，但是你的努力方式或許有問題；或是你的觀念太局限，行為和個性有一些需要調整的地方，因為你沒有注意到，所以你就沒有成功。但是無論如何，即便不去買那些高檔的東西，你如果是懂得生活、懂得搭配的人，就是靠生活周邊的小百貨商場，你都可以把自己打理得很有氣質、把生活過得很舒適的。其實在台灣大部分的人，都有能力這樣去過日子的。

所以當酸民們在嫉妒人家住豪宅、開豪車，酸人家賺那麼多為什麼不多捐點錢的時候，你要想想，你每天在路上走的柏油馬路、你使用的很多的基礎建設，人家在裡面貢獻的稅金，絕對比你多太多了。那說難聽一點，你每天用人家的、吃人家的也不少，可是你都不能稍微有一點感謝，反而看到人家在「吃香喝辣」的時候，就很生氣，就一直在批評人家應該如何、不應該如何（例如既然有錢，車子被刮被撞，就應該有愛心不要索賠），那麼請你們自己思考一下：如果以你對這個社會的貢獻和付出，去跟人家比看看，又是如何呢？

只因為人家有錢就心生討厭，這底下潛藏的貪嗔痴，其實就是叫做「不安分」喔。

高靈說，這些話不是在罵你，而是在敲醒你。為什麼有人可以一直學到好的東西，人生一直往上走；而你就要活在一口井裡面，緊抓著幾個觀念，把自己執著在某些情緒裡，不願意跳出來、不願意真正去上進（學習）呢？然後在這口井裡面看到人家在所謂的「吃香喝辣」的時候，你就開始在電腦前敲著鍵盤開罵、挖苦。

台灣已經是全球最富裕、最自由、最安全的地區之一，這是一個你即便不願意工作，也不會讓你被餓死的社會；你走到街頭去唱唱歌、賣賣花，都還是會有很多人有善心，為了幫助你而給你一些錢的，台灣就是這樣一個地方喔。所以，難道我們不應該承認自己生在此時此地的福氣？更不用說，台灣是一個只要你願意用雙手去工作，就絕對不會餓死的地方。而且其實根本不用講到餓死，你手中那一台手機說不定還是兩三萬塊錢的呢！你看台灣的年輕人有多少人在拿哀鳳？日本還有一大票人都還在拿滑蓋型手機呢。

所以當你在罵台灣這個社會之前，請先看看你實際上是生活在什麼樣的一個好基礎上，你早就擁有好多資源和機會，足夠讓你好好學習和往上走的了。

所以我們要懂得知福惜福，因為地球上的任何社會，都有其階級和階層。就算是那些你所羨慕、嫉妒的富二代，如果他真的沒有那個能力，他也會在他這一生就經驗到坐吃山空的落魄下場；更何況有些富二代的內心世界，是活在比你還痛苦的地獄裡面，被這個身分地位架著走的。所以我們不能只是看到人家坐在高級餐廳裡面的身影，就認為人家的人生都過得好爽，人是不能夠這麼主觀的去跟別人比較的。如果這樣去比較，你等於一直在亂插自己刀，把自己明明有的幸福、明明有的福氣，全部都自貶下去。

那如果說，你也知道自己現在的日子，是在一口井裡面，你也想要跳出來，你是願意學習的，那麼老師在網路上累積了很多的文章，全部都是免費的；老師也寫了很多書，你如果沒有錢，去圖書館也可以借得到的，你都可以去參考。重點是，你願不願意一步一步的去改變自己的人生，讓自己往更好的地方走？

當你覺醒過來，你就會知道，其實人的苦，都是自苦，都是自己在拿刀插自己。就例如沒有禮貌的人明明很多，什麼階層都有，但是當那個人是比你有錢的時候，那個不禮貌就會變成你更大的受傷，然後你就會變成對那整個族群的仇視和討厭，甚至宣稱有錢人都很勢利眼、精品店都很大小眼……這其實是你的玻璃心而已。

能夠生在現在的台灣，其實已經是人類中很幸福的一群了；而你在這個社會所擁有的一切物質、知識、科技，都可以成為你的工具與助力，幫助你誕生出更有能力、更有視野的自己。所以為什麼不讓這些資源，成為讓你人生向前走的手腳呢？

拿掉「鍵盤酸民」的模式，回頭是岸

如果你今天有一位很好的朋友，願意分享這篇文章給你，讓你看到了，那麼你是不是可以好好為自己，重新做一些反省和決定？其實你也可以跟你所羨慕的人那樣，去擁有更好的生活，只是看你自己要不要、願不願意從現在開始，拿掉那個「鍵盤酸民」的模式，來個「回頭是岸」。

只要你願意回頭，高靈在我們的課堂上，也曾經講過人生有一條向上的「拋物線」，是你可以走上去的。它是什麼原理、又是怎麼來的，如果你不懂，你可以找找老師以前的文章或書，也都有提到的。在網路的雲端上，其實有很多可以真正幫助到你的東西，如果你沒有錢，至少你也可以從這裡面開始去找尋、去學習。

當然如果你並沒有這麼沒有錢，你是比較小康、甚至還是有點富裕的話，那你更可以直接來上課，學習身心靈的智慧。因為這些智慧可以幫助你創造更多福氣，讓你的人生既可以利己、又可以利他，因而感覺到很踏實和喜悅，成為一個讓人家打從心裡面尊敬你的人。

人在地球上，是可以在心境上，就活在天堂模式中的。當你還在世的時候，若是心境已經活在天堂模式裡，你距離脫離輪迴的階段，就已經很近了。其實以前的佛經都有在講這些東西，只是現在的人不懂得這些意思了。

所以有很多人學佛，學得愈來愈沒有開創性、愈來愈退縮，其實都學錯了；而很多人吃素，說要不殺生，其實還是在不斷地以自己的觀念，在給自己和世界插刀。所以你願不願意給你自己更寬廣的視野、更開闊的角度去了解這個世界、了解你所想要厭離的社會？如果你在這裡有看到一些反省、看到了一些可以再多學習的方向的話，那麼請你真的朝這些方向去學習、去行動喔。這樣你的人生才會「怎麼做、怎麼對」，因而愈來愈快地經歷到那條向上的拋物線。

反之，如果你還是要堅持待在你觀念與情緒的那口井裡面，你會發現，你的人生就會「怎麼做、怎麼錯」，日子就會愈過愈滄桑、心態就會愈來愈窮酸了。那這就像我們之前有一篇文章說的（註2），你的人生就會一直被人家「電」，然後永遠在那裡唱《金包銀》那首歌。那你的「吸引力法則」又會把你的那口井愈挖愈深，直到有一天，所謂的無常到來——雖然其實也只是那一天多下了一點點雨——可是因為你把你的那口井挖得太深了，以致於你就跳不出來，然後就被滅頂了。

《金包銀》這首歌，就是在形容一個「怎麼做、怎麼錯」的人生，那為什麼會是這樣？就是因為一個人一直執著那個明明會一直產生負能量的觀念，一直那樣去看世界、解釋著所有事情。於是他就像拿著一把刀一樣，不斷地戳著自己，讓自己痛、讓自己苦，然後他就在這裡面不斷浪費生命、趕走機會、作賤自己、虛度人生。

所以高靈說，現實社會真的是這麼殘酷嗎？不是的，其實真正對你殘酷的人，就是你自己呢。

（註1）高靈曾說二〇一五～二〇二五年，工作生涯是要靠「理念」方能崛起的年代。詳情可參閱《理念

崛起》一書，章成、M. FAN 著，商周出版。

（註 2）延伸閱讀：〈來世要含金湯匙，不要含到電湯匙〉，參見本書 P.144。

☆工作也有相生相剋，不是努力就一定行的

人生不是只憑努力就行得通的，不然為什麼會有兼兩份差、可是卻被人家酒駕撞死的孝子？人的命底，就像星座、命盤所歸納的那樣，其實是有跟它相生或相剋的事物。例如，如果你選擇的工作或職位，跟你的命底是相生的，你就會發現，你在這方面很容易會事半功倍；也就是雖然也是要努力，卻相對於別人，可以說是很輕鬆地就能夠取得不錯的成果。可是如果你所選擇的工作是和自己的命底相剋的，你就會有一種很用力、甚至蠟燭兩頭燒，卻也只能得到很勉強的、不成比例的回報。

做有興趣的事，不代表你和這些事是「相生」的

有句諺語說：「蓬生麻中，不扶而直。」原意是在講，一個人一旦進入好的環境生長，就可以輕鬆地事半功倍、水漲船高。其實這也就是在形容那個「相生」現象的存在，所以人生不是只管打拼，「我的未來就不會是夢」的。如果你發現你所投入的職場或工作，你是真的有熱忱、有興趣，也真的有去投入，可是一路走來，就是不見起色，非常吃力，那

你就要留意到今天告訴你的這個可能性：也許你所做的事情，跟你的命底是相剋，而不是相生的。

例如，有個人在學校學設計，對設計很有興趣，成績也很好，畢了業他就進入一家設計公司，成為一個助理設計師。可是接下來，就開始過著一直被壓榨、卻毫不被重視的日子；他確實任勞任怨，也勤肯認真，但是就是沒有被顧客或上面的人好好對待。然後有一天，他卻聽到一個消息：某位成績在學校都是吊車尾的同班同學，因為好玩設計了一張椅子，居然剛好搭上工業風的潮流，一下子賣到全球去，然後他就變成知名的設計師了。

有的人會疑問，去發展自己有興趣的事情，不是最好的嗎？有什麼不對呢？並不是不對，而是：你基因上的興趣，其實是一個「傾向」，這個傾向應該用在哪個方向才會事半功倍？卻不一定就是你現在所鎖定的方向。

例如一個很喜歡看電影、研究電影的人，進入電影業之後卻非常不順；可是後來跑去教書，當老師，卻意外地受到歡迎。因為他只要稍稍動腦，輕而易舉就能想出有趣的學習新招，甚至引用電影情節為比喻，就很容易讓學生了解和吸收，贏得大家讚賞。之後人家就自然向他提議，把這些方法匯集成書，他就開始去寫幫助大家學習的書，結果更是大暢銷，後來就變成一位知名的學習專家了。雖然電影還是他的終生興趣，可是他卻發現，原來以前會喜歡研究電影，就是喜歡研究人的注意力可以怎麼樣被吸引，而在這個興趣中，自己所培養出來的敏感度，其實用在教學上也是非常適合的。然而這種興趣與工作的結合方式，以前的自己卻從來也未曾想到過。

高靈說，所以人的命底除了你的「興趣」、「傾向」以外，也有你的靈魂設定要做的功課中，天生所帶來的「浪頭」。如果你想要更事半功倍的發展你的生涯，就不是只是去看外在社會的潮流是什麼，你還要細心去意識，自己命底裡面的那個「浪頭」究竟在哪裡。

怎麼樣去察覺到這個命底的「浪頭」呢？就是在你有興趣的範圍裡面，你可以去留意，當你在做什麼事情的時候，經常會「有如神助」。

例如很多學生都說，對動漫很有興趣，將來想做動漫方面的工作，可是實際去做的時候，「有如神助」的人，就會覺得他常常只是信手拈來，甚至是運用人家隨機丟給他的素材，他也可以迅速地變出大家會覺得精采的東西；而這些作品通常在別人的認知裡面，會覺得是必須花費許多心思、投注許多時間才能創作出來的。又例如大家同樣要交畢業作品，他可能前幾天還在陽明山上泡湯賞花，可是快到交件的時候，他只花幾個晚上認真投入，迷人的成果就誕生了；其他的人則都要花個好幾個禮拜、甚至幾個月，還做不出他這麼棒的作品。

你會在很有餘裕的感覺裡面就交出漂亮的成績單——如果你做一件事的時候有這種狀況，那是連其他的人都能感覺到的。那麼你所選擇的這件事，就會是跟你的天命「相生」

的東西，那麼如果你去把它開創成為工作，你就會覺得你有點像是在玩，不需要花費很大的能量去刻苦拚命，卻可以輕易地嶄露頭角，這個也就是你自己命底裡面的「浪頭」了。

不只是「才藝類型」的工作是如此，無論你從事何種行業，工作與你都有相生或相剋的關係。有一位很大的會計公司的老闆，當初只是因為在夜校念的是會計系，所以畢了業就去會計師事務所上班。她沒有什麼事業心，本來只是想說做到嫁人就辭掉工作，可是她卻莫名其妙愈做客戶愈多（男朋友卻一個也沒有），到後來甚至人家開公司挖她去當合夥人，公司一開下去更是順風順水。到後來，她的收入多到她自己都覺得不安，常常覺得，不知道上天為什麼要給她這麼多錢？（因為她自己的生活其實很簡單，用不了這麼多。）所以她就一直去捐錢。同業都認為她一定有什麼特別的經營手法，可是她覺得她就是跟人家一樣去做而已。其實這個就是她不小心去做到了跟她相生的行業了。

反過來，也有很多人考試成績優異、在學校獎學金拿很多，可是真正去就職，進入那個科系的行業以後，歷程卻非常的坎坷不順。例如明明花費比別人更多的心力，用心做事，別人卻覺得結果普普、或是叫好不叫座等等。然後他自己也換了好幾家公司，還是覺得每次都犧牲了很多個人生活的時間，做得壓力頗大，卻換不到多少掌聲。

所以，做你覺得有興趣的事，不代表你和這些事情是「相生」的。用上面的例子，你可以觀察一下自己的狀況。

了解、校正人生的拼圖，讓你的生涯有超乎預期的成果

然而上面這些和自己的工作「相剋」的人，如果找對「相生」的角度去發揮的話，也有很大的可能就會輕而易舉地有亮眼的表現，讓人家捧著錢來找他，產生天壤之別的際遇。

為什麼說是「也有很大的可能」，而不是「必定」呢？因為人的命運與發展，不是只有工作上的「相生相剋」在決定的，還有個人很多的因果、時代的浪潮等等這些因素交織而成，是極其複雜的生命藍圖。所以跟大家講的這個工作上「相生相剋」的概念，只是其中的一塊拼圖、一個向度，而不是成功唯一的因素。

但是當人生每一個向度的拼圖，你都能像這樣一個一個去了解、再一個一個去校正，那麼逐漸地，它們就會對你的人生產生「蓬生麻中，不扶而直」的效果，你就會看到自己的生涯發展居然可以很平順地，就取得超乎預期的成果了。如果你還一直覺察上去、校正上去，你的人生到最後真的就能夠從「有限公司」變成「無限公司」；就像是佛那樣，祂已經可以像一個太陽那樣地去普照一切了。

所以為什麼來上老師的課的同學，很多人是經年累月，持續在上課的呢？因為他們是透過高靈在上課時所給的訊息，一直在累積和校正讓他們的人生向上走所需要的拼圖。他們早已不在療癒傷痛的階段，而是在向上開創的階段了。他們體驗到，在課堂中，只要有一

個高靈的訊息，或是有一個同學的分享打到自己現在的盲點，他的人生就又往前跳一階了，而這種其實就是最踏實、最有用的「小開悟」。

在老師的課堂上，其實每一次都有學生因為高靈訊息，有或大或小的開悟，而他們的分享，雖然你可以當作是一個不錯的故事來聽聽，可是當你自己也正好遇到同樣的功課時，你就會深刻地了解到，人家的那個開悟有多麼珍貴。為什麼呢？因為這個開悟，真的就是讓一個人提早三年、五年、甚至是十年的「早知道」！這個「早知道」會讓你的未來突然變亮，讓你立刻知道你可以怎樣脫困，甚至知道怎樣去開創新局。

很多人會去算命，聽人家對你的命盤做出各種相生相剋的分析。可是在實際的日常生活中、在每一天各種事情的處理裡，那些你命盤上說的「因果」在哪裡？那些「相生相剋」又怎麼看得出來？又怎樣才叫做對的調整呢？其實如果你想要讓這些命盤上的資訊有實際用途的話，那麼剛好就像「命理」這兩個字所說的：你就要去整「理」自己的生「命」！你要能夠在日常生活中，真的一直有去整理你自己、整理你周遭生活的事件、整理社會趨勢的演化……

懂得整理，就懂命理。如果你不知道怎麼整理，那麼你可以來上課，持續聆聽高靈的訊息，讓這些訊息幫助你去整理你個人的生活、你所面對的社會趨勢……等。當然如果你現在已經過得很苦，急需快速的整理，那麼你可以來找高靈作個人的諮詢，去了解你的相生、相剋在哪裡？藉此幫助自己加速突破局限，讓自己看見可以突破運勢的出口。

為什麼說是「加速突破局限」呢？因為這些相生與相剋的角度，常常都是超出你自己既有的觀念之外的；如果不是這樣，你早就應該有能力去解決自己的瓶頸，走到你認為你該走到的位置了。所以這並不是你好或不好、努不努力、優不優秀的問題，而是當你固著在你的觀念裡面，沒有去嘗試用別的角度去思考的時候，你就會一直待在你的坎坷裡面輪迴。

人生不是只有努力就可以，更要打開固著的觀念，持續整理與更新

最後將上述內容做一個總結：

人生不是只有努力就可以的。今天所談的「人與工作是有相生或相剋的現象」，它的道理就如同：一條河就是有上游、中游、下游，你如果一直待在下游，那你喝的就是人家洗過很多東西的水，那你當然就容易身體不好、容易生病，你就會覺得維持健康要花費很大的成本。反之，如果你是選擇住在上游，那你所得到的水質當然就會比較好，維持健康就相對容易和輕鬆。這個上游、中游、下游，就比喻為人生中的「相對位置」，這個社會因為「一日之所需、百工斯為備」，所以就充滿了各式各樣的相對位置。任何人都選擇了一個相對位置在那裡生活，那麼在那個相對位置的範圍裡面，也是可以更好或更不好的。例如你的觀念愈執著，你就會在你的相對位置上，逐漸往不好的下游去鑽，那麼即使你在

那個下游很努力、很拚命，也會是紛擾阻礙比較多，那你的人生主題曲就會變成是蔡秋鳳唱的《金包銀》。

可是人生要持續往上游走，不是讀幾本書、上幾堂課、多知道一兩個角度就可以無往不利的，因為你在人群中的相對位置，是一直在改變的，別人和社會的相對關係，也一樣一直在變遷之中。所以你需要持續地去打開自己的眼界，去看到更多不同的角度。持續上老師課的學生，他們是因為懂得這個道理，所以讓這個課成為幫助他們「持續整理與更新」的助力與動力。那麼當他很多局限的觀念都打開、鬆動的時候，有一個臨界點就會到來，那時候高靈就會直接給他個人一個關鍵的點化，突然間他就得到，他可以告別這個階段、邁向下一個更高發展階段的開悟了。

有了這個階段性的開悟以後，你將真的可以去實現，過去的你一直渴望去得到的那個更好的人生，而不再只能在未來的十年，繼續重複著某些老問題，在那裡日復一日，甚至每況愈下。當你有了這個階段性的開悟，你就會對這個願意學習智慧的你自己，以及一路上跟你分享的老師、同學們，充滿感激之情。

所以有許多老師的學生多年以來，對老師做著不為人知的供養，因為他們知道他們自己的人生，已經變得比他們當初所敢於想望的，要好太多了。而他們的奉獻，也不是只是給老師一個人的，他們還想要護持老師做的這份心靈教育工作，讓高靈傳遞出來的這些充滿智慧的訊息，能夠嘉惠更多躲在暗夜中哭泣的人，讓他們找到自己的出口與力量。也就是因為這些護持，大家才可以經年累月地，一直在網路上看到這些「很長很長」的文章，也讓老師還能夠去籌辦更長遠、未來可以照顧到更多學生的需求的教育志業。

所以不管你去哪裡、跟著什麼樣的老師學習智慧，只要你很明白地看到，你的人生是在往上走的，你不是愈來愈被觀念綁住的；然後人家看你，不是一種被洗腦、被催眠，看起來人愈來愈怪，愈來愈想跟你保持距離的狀態，而是看到你愈來愈有能力去跟周遭的人，從矛盾衝突，變成創造雙贏，因而散發出自信與風采。那麼這些就代表說，這樣的老師、這樣的法，你可以去跟隨，你應該要珍惜。

別讓自己跟覺醒的人事物愈來愈無緣

最後是與今天的主題無關，但高靈希望放在最後的訊息：

佛與菩薩的畫像，祂們頭後的那道光圈，代表的就是祂們生命活出的光亮，這份光亮自然就會吸引人們靠近，並且讓靠近祂們的人，自己也開始發出同樣的亮光，再去啟發更多的人。這種點亮他人智慧、又一燈點亮千燈的「普照」，才是宗教真正的目的與意義。

當然現在有很多人，很討厭政治化、愚化人的宗教發展，因此也排斥了所有的宗教，這是可以理解的。

可是當你的人生走到低谷，你自己什麼都不行的時候，你就會知道，為什麼人家會扣問生命、宇宙的意義？為什麼人家會渴求更高的智慧來指引方向？所以佛經總說，無論如何，至少你不要詆佛，這是很有道理的。因為當你的人生也遇到低谷暗夜的時候，才不會連最可能可以給你一線生機的慈悲之手，你都早已把它給排除了。

如果你跟覺醒的人事物愈來愈無緣，你的人生就會在不知不覺之中，進入地獄的模式，一直唱著《金包銀》的主題曲。可是明明就是有人在平行宇宙裡示現著美好的道路，可以讓你去效法，你為何不敞開心胸，有更多的空間去聆聽與學習，來讓自己的人生止跌回升，甚至更豐富與精采呢？

佛一直看著人們做著「愛自己」或「害自己」的選擇，祂看盡了這一切，所以祂有慈悲，祂都懂你、都了解你的。可是祂是不會勉強你做任何事情，祂只會等待你先願意為你自己，做出真實的奉獻的那一刻到來，那麼祂才會在後面推你一把，讓你看到那個「神來一筆」。而在那個當時當刻，你就會知道，這宇宙間，是不是真的有神、有佛了。

☆我是勞碌命嗎？

有的人看到別人經年累月一直都很忙碌，就會在跟朋友聊天的時候說：「唉呀！那個人真是勞碌命。」

你是「勞碌命」，還是「活得精采」？

高靈說，其實「勞碌命」是不能夠用「一直都很忙碌」去認定的。因為只要是有意識地要往上走的人（註），他都會加速他人生功課的進度。例如他或許會把人家要花十年、二十年才能做過去的功課，只用個三、五年就做完了；甚至有的人是把他這輩子來投胎、本來設定要做的功課提前做完了，就把下一世的功課又拿來做了。像這樣的人是一直在縮短他的輪迴的，所以這些人的人生會過得比一般人緊湊很多。

如果是這樣的一種忙碌，會有兩個特徵。第一是，他會覺得生活很充實、很有收穫，並且也有享受到這種生涯所帶來的各種樂趣，所以他的內心是平衡的。第二是，就外在而言，你則會看到他的事業、財富或是地位，確實一直在提升。

高靈說，如果是這種忙碌，那就不叫做「勞碌命」，那個叫做「活得精采」。

把人家過得很精采，說成是「勞碌命」的人，大概都是想要「錢多事少離家近」的。那麼這也反映了他自己的不長進，不知道「不進則退」的人生道理。不過這不是今天的重點，先不申論。

今天的重點要放在那些，會疑問自己「我是不是勞碌命？」的人身上。

如果你是有意識地選擇去學習、去挑戰、去成長，那你人生的很多際遇，確實會開始加速出現，你就會發現自己忙起來了，愈來愈被你要做的事情推著走；可是你在裡面過關斬將之後，也會愈做愈有自信、愈過愈豐盛。那這個就不是勞碌命，而是「活得很精采」。

相反的，如果你覺得自己一直在被很多事情架著走，很辛苦、很付出，可是獲得的回饋卻很少，以致於愈做愈沒有士氣；覺得「這樣的辛苦好像看不到盡頭，可是又不能不做……」，那這個才叫做「勞碌命」。

「勞碌命」這三個字，其實就是有一種「情非得已」的感覺。那麼這個「情非得已」又是怎麼來的呢？如果你再仔細地去體察，就會知道其實是因為：「我付出了那麼多，可是都只能得到那麼一點點；這一點點讓我餓不死，可是也無法自由。然後這一點點一下子就用完了，我又得要再繼續去做很多很多，才能再得到那麼一點點……」

試想，如果一個人的生活一直是這樣，他怎麼會快樂呢？這個沒有辦法得到平衡的人生樣貌，其實就叫做「事倍功半」。

如何反轉事倍功半的人生？

所以「勞碌命」該怎麼定義？其實一言以蔽之，勞碌命就是一個「一直在事倍功半的人生」。

一直在事倍功半，你當然會覺得辛苦、覺得命苦、覺得不知道以後老了要怎麼辦？那如果你是勞碌命的話，該怎麼辦呢？高靈說，這代表你一定有一個很重要的人生功課，而這個功課你一直沒有做到，所以才會事倍功半的生存著。

也許你總是閃避，不願意去正視某個自己最不想承認的自己；或是你潛意識地知道，如果去面對某個真相，你會「動搖國本」，失去某些既得利益……可是也因為這樣，你的生涯發展已經形成了一個「隱形天花板」，你做再多、做再辛苦，都上不去了！那還有什麼損失能比這個更大呢？當然，也真的是有的人，完全不知道自己弄錯了什麼？忽略了什麼？他真的不知道自己的人生為什麼會一直在衝在趕、在犧牲在忙碌，可是弄了半天，人生卻沒有往上走，只是愈來愈有一個痛苦的疑問：這種日子還要過多久？

如果是這樣，那麼真的建議你來找老師、找高靈詢問，而不要再這樣消耗下去了。可是老師知道，也正是勞碌命的狀態，會讓你覺得「我沒有時間去上課」、「我沒有餘裕去諮詢」。更奇妙的是，每當你的內心有一點想決定，要從根本上去改變自己的人生時，就一定會有事情蹦出來讓你疲於奔命，讓你相信你想改變也不是「現在」，然後又繼續睡著下去。這就是因果業力的拉扯，有一個結構，是不想要你獲得自由的。

不過你仔細想一想，在過去的人生裡，有沒有哪個點，你現在回想起來，會知道：如果當時不「搭錯車」的話，就不會有後續一連串的災難與損失了？可是在那個抉擇點的時候，真的沒有任何人提醒過你嗎？你的心裡真的沒有覺得「其實該怎樣做才是適合我的」嗎？那麼，當時你的頭腦是怎樣陷入在恐懼與貪念，讓你對你的心所感受到的方向，忽略過去的呢？

盼望這樣子的提醒，能夠幫助你看到「頭腦」的模式。其實它只是很習慣性地把任何的「心」所感覺到的方向，都立刻跟「我會吃虧」的恐懼連結在一起而已。可是我們每個人的「心」，對於人家講對的事情、對於好的東西，其實都是會有感覺、會有觸動的。如果你有這份觸動，你是應該往這個方向再去多接觸、再去多了解，看看是不是會有更多的收穫的。

就像老師有很多的文章，你都可以一篇一篇地去閱讀。如果你一直感受到其中有一種品質，彷彿光一樣地在引導著你、提醒著你、把你的很多東西整理了出來，那麼請你也要思考，能夠在生命的低谷看見讓你觸動的智慧，這個緣分就是一份很珍貴的福氣。或許正是神在溫柔地對你提醒，給了你一個找到出口的方向。那麼，接下來，是不是你也要為了你自己，去做出一份奉獻了呢？

（註）所謂「向上走」，是指你正在「學習有能力，給你自己你想要的自由」。

☆人生的背反定律

如果你一直在考慮「別人認為什麼是有價值的」，這樣的人生，反而會輸得很慘，這也是一種「背反定律」。

贏了面子，輸了裡子

人生充滿了「背反定律」，所謂的「背反定律」指的是：你看到有一個東西是你要的，它好像在東邊，然而你愈往東跑，反而愈離愈遠。有人懷疑說，有這種事嗎？當然有，不是有句諺語說「愛之適足以害之」嗎？就是在形容這種矛盾性。

不明白這個的人，總是一腳踏進自己挖的陷阱裡。最通常見到的例子，叫做「贏了面子，輸了裡子」。

例如很多畢業生去求職，心裡最希望的是能在同儕中抬頭挺胸，對父母親朋好友有交代，所以只要是大公司願意錄取，他就去了，在裡面做的事情，也許自己一點興趣也沒有，甚至每天被人家壓榨辱罵，可是他就為了那一張名片留在那裡，結果呆得愈久，就愈不會離開。為什麼？一是因為自己愈沒有自信，就愈不敢出去闖蕩；二是終於知道怎麼打混，也不那麼想走了。然而這兩種原因都很可悲，因為這個人向下沉淪了。

所以所謂的「贏了面子」，也不過是短時間內看起來；可是一旦輸了裡子，通常人生就會一直輸下去了。

做喜歡的事，也要做不喜歡的事

還有一種人生的背反是：做自己喜歡的事，反而導致自己一直沒有改變。

在心靈成長的領域，很多書都教你：「要去做自己喜歡的事。」這很正確，但這是一個大方向，當你開始往這個方向去的時候，你反而必須去做許多你不喜歡的事，然後你的這個大方向的志願，才會真的成功，這也是一種「背反定律」。

每個人都有天性，所以找到符合自己天性頻寬的事情去做，你就容易感到有熱情、有成就感，這是沒錯的；如果你並不在意世俗的評價，一直這樣也是OK的。但若同時也想要得到世俗定義的「成功」，例如說讓很多人願意掏出錢來，讓你能夠做喜歡的事，賺得豐盛，那麼在自己的學習上，就非常需要對別人有「心」，而不是只對自己喜歡做的東西有興趣了。

而一旦你開始對別人有「心」，就一定會發覺，有好多好多自己原本不想碰、不想理的功課，都出現了；這時候如果不願意去理、不願意去學，只嚷著我要做自己喜歡做的事的人，就會發現自己愈過愈糟。

人向上提升的第一個光景，是失去，而不是獲得

還有一種人生的背反是：人向上提升的第一個光景，其實是失去，而不是獲得。

很多人想要改變自己的人生時，很害怕周遭的人會怎麼看，常常因為這樣，就去抹滅掉好不容易從心裡竄出的火花，譬如他心裡明明知道怎樣做是對的，可是最後就是沒有去做。其實他不明白一件事：所謂「周遭的眼光」，只是現在這個層次的人給他的，如果他跳上到更高的層次，往回再看，他會發現，那些眼光他根本不會去在乎了，因為更高層次的人會進來。可是這必須等到跳上來之後，才能體悟到的，所以許多人就一直被困在原先的層次，在那個「在乎別人的眼光」裡面走不出去。

台灣很多企業不能升級，最大的原因也是這樣，都是因為害怕失去原來的客層，選擇以壓低成本的各種作為來獲取利潤的維持，而不是去創新。

各方面的覺察與學習，才是你成功的「大數據」

為什麼人生會有「背反定律」？背反效應是因為，這是頭腦所想出來的目標。

從學校畢業走出社會，明明應該去清楚自己要的未來，卻放著這個不去想，只在意著

跟過去的同學做比較；想將自己喜歡做的事當作職業，應該就要開始願意多方替客戶著想，卻只想做自己習慣做的；遇到社會趨勢的變化，明明應該付出更多成本去更新，卻只想死守著原先的獲利，只能增不能少。

你不能只就一個單點去追求，例如發展家電，你不能說，電冰箱就是要冰東西嘛！那我把冰東西的功能做得很好，就會大受歡迎。如果你的電冰箱做得很醜，放在家裡會讓家裡好像工廠，那也是會賣不好。以前理工科的人做出來的手機，介面就是很理工、很程式設計師的思考；可是當有人設計出更人性化的介面，例如手滑功能，過去那種手機就一下子被淘汰了。所以你的成功要走得長久，理工科的設計師也要懂得更細緻化的人性、懂得美學，這樣才會一直保有貼近使用者的能力，而這就是競爭力。

有的人很會做吃的，朋友就會拱他出來開餐廳，說：「像你做得這麼好吃，開餐廳一定會賺大錢，你趕快出來做，我們挺你！」於是他就出來做了，那開餐廳要不要裝潢？要，於是他又想：「太好了！我的朋友誰誰誰剛好在做裝潢，那他一定會算我便宜一點……」結果是有便宜一點，但是餐廳開沒多久就GG了，為什麼呢？因為敗在裝潢。

因為你雖然很會做吃的，可是裝潢平常都沒有在接觸，自己缺乏素養還不知道，你就會以為開餐廳的話，裝潢誰來做都一樣，而且那個朋友也有在做，我找他既安心又不用再去尋覓，價錢上也一定公道。問題是，那個人根本沒有Sense，你卻看不出來。

開餐廳除了食物好吃，你的客層會是誰？他們現在的審美觀是什麼？他們來用餐，除了吃，還想要什麼？這些方方面面的覺察與學習，才會給你一直不斷向上提升的力量。只擅長一個單點——做吃的，你的餐廳會非常危險。

「方方面面的覺察與學習」，正是「大數據」的意思，你的數據取樣愈少，你就愈無法掌握顧客真正的想法以及他深層的感覺；當你的數據取樣愈多，你就愈能夠擬真地去趨近你的消費者。

人生也是這樣，你不把重點放在了解人生，只是一直去做，一直去要，那裡面的背反定律就會愈多，也就是愈會心想事不成。愈愛，別人愈想逃；愈給，別人卻愈理所當然；愈真心，卻愈寂寞……

☆選這條路好呢？還是那條路？他們都問錯了！你的生涯選擇是否會「投資成功」？關鍵在……

問：

老師，我是個家庭主婦，因為家計想要開始工作，我不知道自己應該去開一家小店好？還是去公司當上班族？開店風險高，且整個生活形態都會受影響；去上班，又覺得自己脫離社會好久了，很擔心不能勝任。所以不知道該選擇哪一條路才好？

答：

人遇到抉擇的時候，都很想要先問出一個正確的答案，希望投資下去不會出錯，這樣的想法當然也OK。但是，任何事情都是做了才會有收穫的，愈在空想中打轉，自己就會愈裹足不前。

所以首先，你要走在前面，神才會從後面推你一把，如果沒有先走出去，是什麼都不會有的。

其次，實際上，選擇哪一條路都會成功，因為都有成功的路徑在，也就是說，人生的規劃，你設定什麼方向都可以，成功主要是取決於「怎麼做」的智慧，而不是可不可以做。

在《一生，至少該有一次說走就走》那本書中，分享了我與M先生決定從台北遷居台東山上，建造一個小民宿的故事。一開始我們是做了「最後就算會虧錢，還仍然要去」的決心，可是當我們真的做下去了以後，這段歷程中所開展出來的視野、智慧與人脈，是沒有做的時候絕對看不到的，而那些對我們後來的生涯發展卻有很大的幫助。

所以任何生涯規劃是否會「投資成功」？關鍵為何呢？就是：有沒有真的去用心，用心去替別人設想、願意多對別人奉獻一點，而不那麼計較成本。這個態度，將決定你能否從這趟歷程中發展出所需的能力，以及會不會有貴人來幫助你。

如果單單為了賺錢去選擇做生意，坦白說，除非是一個本來就非常有能力的人，否則是很難成功的。但如果能夠「為人」做事，而不是「為錢」，這裡面所開展出來的學習，以及會吸引來的緣分，將會使你成功（當然還是需要時間的累積）。因為當你用心去工作時，除了在其中會做到自己的人生功課之外，漸漸地，你遇到能幫助你上去的貴人，也會愈來愈多。無論做任何行業、任何生意，以上所言都是不變的法則。

所以，要選擇做生意還是去上班？那就要看，你所選擇的生意，是你有意願在裡面去奉獻的嗎？譬如人家有什麼反應，你就願意去改變、調整，一直去看見人家的需要，因為這才是做生意會成功的法門；如果你沒有這樣的決心，就不建議你去做生意。但如果你想要去上班，現在上班環境的競爭也是很大的，如果只是為了錢去上班，那麼在裡面也會很痛苦的。當然，若你終於決定你要做什麼，然後開始去做了，如果想要縮短摸索的時間，你也可以來找老師討論，老師就可以給你更精準、更細節的方向。

總之，並不是選哪一條路會讓你更好，而是，你有沒有決定要去做一個更好的人。

☆如何成功脫離「鬼打牆」？

——兼談時代風水

有個人到停車場取車，這個停車場採用的是，在電腦螢幕上輸入車號即可付費的方式（不需票卡或代幣），結果他輸入了車號以後，竟出現四個字「無此車號」！他嘗試把車號的英文字提到最前、或拉到最後重新輸入，結果都一樣。這時候他傻眼了：明明車子就是停在這裡沒錯啊！他正在繳費機前面徘徊迷惑時，後面有人要來繳費了，他就先讓出來，想看別人操作的狀況。於是就看別人一輸入完車號，電腦立刻跳出停車金額的畫面，然後就繳費成功離開了；他急忙驅前再次嘗試，想說隔了一段時間、又被別人使用過了，機器可能恢復正常了，沒想到輪到自己，電腦還是顯示查無此車。

有一種彷彿車子憑空消失的感覺，令他心慌起來！可是也實在沒辦法了，於是他拿起手機按照機器上張貼的服務專線打過去，幸好有人接聽。

「我輸入我的車號，電腦一直說查無此車。」

「先生您確定是停在這個停車場嗎？我們這裡好幾區喔。」

「我很確定，因為我就是從銀行地下樓出入的。」

「那請問您今天幾點停進來的？」

「我今天……」講到這裡，這個人「啊」一聲，突然想起來了，然後哈哈大笑跟管理員道了歉掛掉了電話。

原來今天是開妹妹的車出來，不是開自己的車！一輸入妹妹車子的車號，電腦立刻計算出金額來了。

解除「鬼打牆」一：先跳去做下一步

在還沒有發現問題究竟出在哪裡之前，在那個不斷重複地做著自己覺得「明明沒有錯」的動作的時候，看到「明明該有的結果」竟不出現，就會有一種不明所以被困住的玄妙經驗，這就是所謂的「鬼打牆」。

大部分人在生活中都有過這種「鬼打牆」的經驗，當然後來總是會有個契機讓你又跳出來了。那麼這個能讓你從「鬼打牆」的狀態裡突破的契機，是怎麼發生的呢？如果碰到鬼打牆，該怎麼主動成功脫離？除了生活瑣事，在生涯發展上如果也遇到「鬼打牆」的狀況，是不是也是一樣的道理呢？

高靈說，人在「低能量」的狀況時，也就是一般人說的「精神不濟」的時候，就很容易發生所謂的「鬼打牆」；而能讓你成功脫離「鬼打牆」的方法，就是「先跳去做下一步」。所謂「先跳去做下一步」，就是放棄此刻一直在重複的嘗試，然後去想：「如果我現在不做這個，下一步我可以做什麼？」接著你就立刻去做，無論它是什麼。然後你會發現，當你跳開來去做下一步的時候，某個當下你就會突然好像「醒過來」，發現之前的謬誤，然後「鬼打牆」的狀況就解除了。

在剛剛那個例子中，停下來打電話去跟管理員求助，就是「先跳去做下一步」，因為中斷了那個情境，他的意識就會有機會跳離這個思想的死角。

會被鬼打牆的狀況困住比較久的人，通常是因為他一直在重複那個「覺得應該沒有錯」卻已經無效的作法，或是困在情緒裡面恐慌、害怕，卻無所作為；而人愈是在情緒裡面加強那個「玄妙感」，他就愈走不出來。

那又為什麼人在低能量的時候容易鬼打牆呢？有兩個因素，第一就是因為你的腦力會比較渙散，記憶也會比較「解離」，而有些錯誤的印象就會誤植進來。例如明明今天是星期二，有個人就一直覺得今天已經是星期三，是出差日，結果就拎著包、拿著明天的車票去搭今天的車，結果看到別人坐在自己的位子上，別人也狐疑地拿出一張一模一樣的車票時，他就覺得是售票系統重複劃位了，結果等到火車上的票務人員前來，一看他的票卻立刻就解謎了：「你的車票是明天的哪！」

第二個因素就是，當你精神狀態比較差的時候，你周遭很多「無形界」的心念就會闖進來，變成是「你的心念」，也就是說，你的心智被別的思想趁虛而入了；有時候這些無形界的存有是會用這樣的方式開人的玩笑，讓人產生鬼打牆的經驗。

有很多很難解釋為「一時糊塗記錯了」的鬼打牆的故事，就是因為後者這個因素造成的。最經典的例子就是那個傳說在台北某通往殯儀館的隧道，有人深夜開車經過，結果一出隧道竟看到是原來的入口，調頭往回開，通過隧道之後看到自己又是回到原地，就這樣一直來來回回開不出去的故事。

解除「鬼打牆」二：承認錯誤

鬼打牆的經驗有時乍看很嚇人，但是脫離鬼打牆的方法其實很簡單，就是停止做重複的嘗試，並開始思考，如果已經是這樣，那接下來我可以做什麼處理？然後就去進行這個「接下來」。當你跳開來去進行下一步時，鬼打牆就會瓦解。

而當你脫離了鬼打牆以後，你會發現，原來剛剛的狀況裡面，是有你腦子裡面搞錯的地方的；這個時候高靈說，你還要進行第二個步驟，才會完全脫離鬼打牆的「範圍」，不會再被拉回去。這第二個步驟就是：承認錯誤。

所謂的「承認錯誤」，就是清楚的對自己承認說，剛剛在哪個環節上，是自己搞錯了。為什麼要「承認錯誤」呢？因為承認錯誤會讓你的腦子重新「update」——就像把運作有點異常的手機重新關機再開機的意思是一樣的，這樣它才會真正恢復到正常的範圍內。如果你沒有做這個步驟的話，你也許脫離了當下的這個鬼打牆，但是很可能接著在別的事情上又碰到鬼打牆，這是可以接二連三發生的（變成頻頻出錯的一天）。

「承認錯誤」會讓你的頭腦恢復清明，它會幫助你的頭腦整理回更好的狀態去運轉。或許在生活瑣事裡面的鬼打牆，你會覺得事後承認錯誤是很簡單的，然而即便是這樣，其實有很多人也做不到，他們會在發現是自己出錯以後，含糊帶過，認為狀況解除就好了，不必要再去回顧；甚至有的人還會硬拗，說是別的人事物的問題，不肯承認錯誤。這些都是因為面子放不下的關係，可是一旦如此，他們就沒有給自己完成「系統校正」，其實接下來出錯的機率還會是很高的。

「承認錯誤」是人生這部升降梯「向上」的按鍵

而進一步說，看到自己有錯，若是無意識地有一種習慣，都會混過去，或者去硬拗，那麼他的人生就會一直往下走。

所以這裡就可以告訴大家一個「人生的升降法則」：

生活中無論大大小小事情，只要犯了錯，你都願意清楚承認，你的人生就會往上走；如果犯了錯都習慣含糊帶過，人生一定會往下走。也就是說，「承認錯誤」看起來好像是丟臉的，但其實它才是人生這部升降梯裡，那個「向上」的按鍵。

有的人很不習慣承認錯誤，除了面子問題，也是因為害怕承認了以後自己會有損失。可是高靈說，如果犯了錯卻不承認，甚至硬拗，其實你是會間接或直接造成別人的損失與麻煩的；那麼這些因為你的不承認所造成的他人的損失，以及後續別人付出的所有成本，無論你知不知道，全都會是你要背負的「因果」，未來你是要還的。

以本文一開始那個停車的鬼打牆事件為例，那位車主在打電話給服務人員的時候，突然想起來是自己搞錯了車號，如果當下立刻承認錯誤，那麼事情也就到此為止了；然而假如他要掩飾錯誤的話，他就還是讓服務員跑這麼一趟來，然後在服務人員面前演齣小戲，輸入正確的車號，假裝意外地說：「奇怪，現在又可以了！剛剛機器真的壞了。」那這種因為自己要掩飾錯誤，不惜讓人家多跑了這一趟，這就有因果了。

所以高靈說，有錯誤當下就承認、負起責任，你的損失反而會減到最小。

總之，如果遇到鬼打牆事件，你都能夠做「先跳去走下一步」以及「承認錯誤」這兩個步驟，除了你在問題發生的當下能夠從鬼打牆的狀況迅速脫離之外，這個「承認錯誤」也會讓你的大腦在以後遇到類似狀況的時候，更有「舉一反三」的能力，以後再遇到鬼打牆的情形時，你的大腦就更不會只用同一個角度去思考，而會聯想起更多的可能性，那你就會變得更靈活，也就不容易進入所謂的「鬼打牆」了。

打破慣性，比較容易浮現「直覺」

而人在生涯發展上，當然也會有所謂的「鬼打牆」，也就是你覺得自己一直努力在做，可是成績卻一直在原地踏步，無法突破。同樣的道理，這時候你就應該停下來，不要再繼續做重複的事情，因為這樣你的沮喪感會愈來愈強烈，就容易陷入情緒而做出更錯誤的決策，那這錯誤的決策甚至還會把你之前累積的成果都吃掉了；你要「跳開來去走下一步」，也就是問自己，如果這樣做已經行不通了，那麼接下來有什麼別的路線，是我可以去做的？

而高靈說，所謂的「下一步」，就算你自己真的想不出來，選擇去求救，這也是「下一步」。比如你的人生正在鬼打牆，你真的不知道要做什麼好了，那你來向老師求救，這也是「先跳去走下一步」。有很多人甚至會發現，真的決心來向老師預約諮詢的時候，才剛做了預約動作，都還沒有真的諮詢，當天自己竟然就對那個問題忽然清楚了！像這樣的狀況，他們來取消預約，老師也都很為他們開心。還有一些來上課的同學，本來很害羞不敢提出問題的，可是在老師的鼓勵下，他終於決定把問題拿出來問，結果問題才敘述到一半，他說自己心裡頭居然就浮現答案了。

雖然這種經驗通常是他們的問題本來就不太嚴重，但無論如何，只要遇到鬼打牆，你都能「先跳去走下一步」，就算是去求救都好，你的人生都會事半功倍得多。此外，你也就比較不會「被鬼往水裡拖」，為什麼呢？因為如果你是一個比較能夠果決去切斷你的慣性的人，你就會比較容易「收到訊息」，而且會是收到「比較正確的訊息」。

這個部分講起來又可以是一大本書，在這裡先不深談。但簡單地說：真正是在提醒你的「直覺」，與其實是在玩弄你的「幻覺」，這中間造成你人生的差異，將是天堂與地獄！那麼你要怎樣不會被錯誤的訊息趁虛而入，而能夠遵循真正有益的訊息呢？這跟你與自己「頭腦」的黏著度是有關的，你愈容易被頭腦抓去，你收的訊息就愈會是玩弄你的幻覺。

「歷史」可以悠久，都是在對過去的珍愛裡面繼續創新

最後來講一部二〇一七年才剛上映過，可以算是向諾貝爾文學獎得主川端康成的小說「京都」致敬，所拍攝的電影，片名是《古都》(註)。

這部電影主要講的就是：在京都這座有著悠久歷史的古都，上一代人的藝術成就有他們一定的高度，可是到了現代，票房卻不好了。他們看到下一代不想繼承傳統，想要飛到國外去創新，他們才想到，其實自己年輕的時候也是這樣，以前的更上一輩也是不自覺地在限制他們；可是事實是，就是因為每一代都有創新，傳統技藝才能存續，也才有所謂的

「歷史悠久」。於是在電影的最後一幕，老舖的第二代在國外巧遇、相視而笑的那一瞬間，她們彷彿交流著無言的領悟。所以什麼是「古都」呢？它的核心價值不是「只愛過去」，而是在對過去的珍愛裡面繼續創新。

一般人去京都觀光的話，會覺得京都的老舖動輒百年以上歷史，卻依然活躍，令人非常欽羨，但其實京都也有很多正在苟延殘喘的老舖，處於「店開在要倒不倒之間」，快要撐不下去。那麼這跟今天講的「鬼打牆」有什麼關係呢？有很多的「老舖」之所以快要撐不下去，是因為他們已經在「倚老賣老」，不自覺地沉湎在既得利益中，覺得自己的成功經驗才是對的；可是他們那樣並不是叫做敬業，而是「習慣性的在做事」、「習慣性的在自大」，所以他們在市場反應上、在下一代那裡頻頻撞牆，卻自認崇高，認為自己是在為了守護著什麼而「歡喜甘願」地受苦。

可是這些老舖的問題，年輕一代卻很容易看到，例如：東西確實是好吃，可是包裝卻很廉價、美感還維持在貧窮年代的庶民觀點，完全對不上富裕年代出生的年輕人。所以人家操作一下什麼紐約來的人氣餅乾（其實也是紐約的傳統口味），馬上可以打趴他們一票人的銷售額，於是這些老舖就只剩下也在凋零中的老客人，寂寥地支持著。

以吃的產品來說，京都很多正在萎縮的老舖的東西，其實也是料好實在；可是他們不懂現代人要的浪漫、幸福的符碼是什麼，他們的吃法或口感也不懂得怎麼樣配合新的世代去做調整和變化，他們明明是有敏銳的味覺的，可是因為習慣於以前賺錢的模式，同時也安逸了很久了，所以他們就不再求新求變，只會說著「現代的年輕人不懂」，然後就這樣開始走下坡了。

風水是會隨時代而改變的

所以請記住這句話：

人在既得利益裡面，就很容易鬼打牆。

有很多做生意的人成功了以後，就會開始執著「只有這樣做才是對的」。例如有些百貨公司的老闆發了大財以後，就會很堅持他對風水的看法，例如樓梯就一定要怎樣開、那邊就一定要怎樣擺……等，所以只要他做商場，他就一定要讓東西是這麼做的。可是他忘了，風水是會轉的，風水的作法，也是會隨時代而改變的，如果他還一直固守著以前的規則，沒有跟著當下的風水去調整的話，他遲早會遇到「鬼打牆」——也就是，怎麼做營業額都在往下掉，那他就會在他的「既得利益」裡面，慢慢地沒落下去。

風水為什麼會隨時代轉呢？就好像以前王永慶花三十年才能累積的財富，在這個時代，祖克伯只要十年就能遠遠超過，這個就是一種「新風水」——也就是在這個時代「風生水起」的方式，跟以前的時代是不同的。

「時代」其實也是「風水」裡面非常重要的元素。過去由於社會生活形態的改變比較緩慢，所以舊的風水的道理與規則，好像是恆常適用的；可是時代的變化已經加速，它跟過去差異已經很大了，那你對「風水」的了解也就要跟著調整，要能夠與時並進，這樣你做企業的人，才能一直「家財萬貫」下去。

現在台灣很多的企業已經出現了鬼打牆的問題，其實這裡面的道理，跟個人生涯的鬼打牆都是一樣的。企業要懂得新的風水，才會走出創新的一步，那你就能跳脫你自己事業的鬼打牆；然後接下來，你就要去透過反省，承認自己之前錯誤的地方，那麼當你這麼承認的時候，其實你已經提升了，同時你的未來就在升級了，那麼享受到這個升級的未來所帶給你的豐盛，只是遲早的問題了。

（註）相關評介：http://www.movier.tw/post.php?SID=124211

☆一通百通，他心通！

——企業家不學這個，你的生意就上不去了

為什麼現在很多大老闆都不賺錢了？為什麼很多 CEO 以前看似很行，現在卻紛紛操盤失靈？有個比喻請你先參究：

有個人有一天從家裡要開車出門，上了駕駛座發動了車子，突然發現排檔壞了，怎麼打檔都沒有反應，他心裡大驚：怎麼車子一陣子沒開，竟壞得如此嚴重？只好找拖吊公司把車拖到車廠去修理。好不容易進了廠，修車工人上車一試卻說：「排檔很正常啊！根本沒有任何問題啊！」他不敢置信，自己再上去操作一遍，才豁然發現了原因。

原來他有兩輛車，平常大部分開的都是自排的那輛，已經很久沒開這輛手排車了，結果他的腳根本沒踩離合器，就像平常開自排車時的姿勢一樣放在地上，難怪打檔時排檔完全沒反應。看到了這點，真是令他哭笑不得，剛剛簡直就像進入了陰陽魔界，很真實地感覺到車子壞了，還大費周章地把車拖吊到車廠來，結果竟然只是這麼簡單的一個好笑的錯誤！

修車工人了解了原因之後，哈哈大笑說：「原來原因是你上半身在開手排、下半身在開自排啊。」

生意由盛轉衰？補修學分的時候到了

現在很多大老闆與CEO不賺錢了，道理就在此。這個時代變化得太快，或許你也知道要跟著環境改變，問題是，在各種觀點與角色扮演當中忙著切換來、切換去的時候，你出現了很多自身的不協調，就像左腳踏出新舞步、右腳卻無意識地踩著上一支舞曲的音符……就是這樣，你的操盤因此失靈，問題彷彿變得超級嚴重，也讓你滿頭大汗找不出原因。這是在我的諮詢中，在這些經營者身上一再看到的狀況。

當你的下半身處在「開自排車意識」時，它覺得它沒有任何問題；而同時間，你的上半身正處在「開手排車意識」，所以它也覺得它的操作沒有任何錯誤。人在因應變局的時候，是很容易出現這種意識上四分五裂的狀況，但問題是你自己沒有自覺；如果你真的能夠洞見這種微妙的抵觸所造成的漏洞，或者有人點醒你，你就會發現，其實只是發生了很可笑的錯誤。可笑是因為，真的是很簡單的問題，卻呈現出彷彿很恐怖的失靈。

什麼樣的經營者容易出現這樣的狀況？這分成兩種類型：一是你過去的成功，其實主要是因為剛好踏到市場的浪頭，因緣際會所以做起來的；當然成功以後，對外界的漂亮說法，得說是自己很有能力所以才能成功的，然而是不是這樣呢？其實自己知道。第二類則主要是藉著某些裙帶關係，甚或是依靠政治上的內線，搶到某些發財的機會而飛黃騰達的。

但這些都無可厚非，因為人都有不同的機遇或資源，無論什麼經歷、走什麼路徑，在靈魂的善念或惡念之間，如果有一天他想要「回頭是岸」，這些也都會成為一種有意義的成佛路程。所以在「靈魂層次」上談人生，是不論「是」與「非」，而是論：「任何歷程能不能成為你的啟示，幫助你去修為？」懂得這個，又是很大的開悟。但今天先不談，再拉回來今天的主題。總之，上述的老闆或經營者們，其實你們的「天線」是沒有真的開通的，因為你們的生意不是「微調」上來的，是藉勢「衝」上來的，有很多基本功其實還沒有修成「正果」。

若沒有「修成正果」生意就做大了的話，碰到世界處於變化加速的時期，就會為了因應變化，反而弄得自己公司的「姿勢」變得很怪異，自己卻看不見，也不知道錯誤在哪裡，但是「車子」（業績）就會開始跑不動了。這是很正常的，這只是說明：你補修學分的時候到了。

那麼所謂的「正果」是什麼呢？就是你要具備「他心通」。

做生意修「他心通」，是與大家「真正的需求」相通的狀態

做生意是要修「他心通」的，沒有他心通，你做生意就只能在景氣好的時期賺錢，景氣下去時你也就跟著下去了。為什麼？因為你並不是真的有自己的敏銳度。過去你其實一直是在跟著別人給的風向走，而你是把「跟著別人給的風向走」的「聰明」，誤當成是「自己有敏銳度了」！希望你能明辨兩者的不同：前者是有「親自發覺趨勢」的能力，而後者只有「效仿已知趨勢」的能力。由於景氣好的時候後者也可以賺到錢，於是常常容易陷入自大，誤以為自己也是眼光很準的那一群。可是真相是，你在商業叢林裡，事實上是處於兩種狀況，第一：你在做生意的「食物鏈」上，很容易變成別人的「下線」，第二：你很容易變成別人「脫手」的對象。所以景氣不好時，你就會變成負債了。

那麼所謂的「他心通」到底是什麼呢？就是：你的「心」要能夠開啟到，一直與大家「真正的需求」相通的狀態。如果你能如此，在因應變化的時候，你會有一種「清楚」，而不會處在各種思想、觀念、作為分裂不能協調的狀態，而不自知。

當然，如果你已經是個大老闆，能一路經營到成為大老闆的人，在你的專業裡面，都知道怎樣去追求利潤的極大化，你會有你覺得珍貴的機密與運作的技巧，你也很清楚自己是怎麼起來的，怎麼賣了別人需要的東西，怎麼行銷、包裝，吸引資本……等，你確實是

比很多人聰明又有能力，可是這不代表你的「他心通」是一直開啟的。

很多經營者愈往高處爬以後，不知不覺被自己已知的成功經驗覆蓋，而失去對「當下」的感應能力，所以那個不協調也在逐日累積。那要怎麼判斷自己的「他心通」還在不在呢？或許你目前的財報還是亮麗的，但如果你發現自己現在賺錢比以前吃力，比較事倍功半，其實就是一個「你的天線已經生鏽」的跡象。如果這幾年投資什麼就虧什麼，資產愈來愈縮水，這更是明顯的告訴你：你要調整的不是你的「思惟」，而是你的「心」，因為你的「心」已經鈍掉，它不靈了。

大家都知道，在各行各業裡面，「通路」是最賺錢的；手機是通路，臉書也是通路，便利商店、網路都是通路，可是在這一切通路之下最重要的「通路」，就是你的那個「他心通」，到底通了沒有？通到了當下、通到了未來了沒有？這就是做生意必勝的先決條件。如果你能夠不受限於腦袋給你的經驗，有能力鉅細靡遺地敏感到別人「當下」的需求，這個「當下」就會讓你看到「未來」，那麼無論你要跨足到哪個領域，怎樣做才能賺錢？你都會比別人看得更清楚、做得更到位，那麼景不景氣就與你無關，你做什麼都會賺。

在商場上要有謀略和智慧，都跟自己心靈修為的層次有關

有這個「他心通」的修練，如果是擺麵攤的人，那可能就是變成可以每個月多賣個幾

萬塊；可是若是做大生意的，那效益就非常之大了，可能就是幾億、幾十億的差距。很多人覺得做生意跟心靈成長沒有關係，錯了，企業家更需要有心靈上的修為。事實上，在商場上要如何站得穩？種種謀略和智慧是否高明？都跟自己心靈修為的層次有關；你如何比對手更知道別人的需求？又怎麼看懂對手是怎麼運作，而你可以怎麼壓制？這些都是看誰的心夠清明、夠靈敏，而分出高下的。

很多台商這幾年都在抱怨說，大陸的狀況現在如何如何，讓他們做不下去要撤退了，可是也有台商在向高靈請益之後，他們現在還是在賺大錢的。在各種案例裡面，我目睹的實情是：雖然每個生意人都是想賺錢、想往上走的，可是真的有很多老闆都看不到自己的作法，根本就已經走偏，也與實際狀況脫節、不實在了。他們的頭腦有很快的計算速度，但他們的心跟別人真正的需求之間「相通」的那條「通路」，卻已經斷了線，或是根本就沒有建立。

所以所謂「心靈的修為」，不光是尋求「空靈」的那一面，或一心只想要掃除煩惱、得到平靜而已，這些是人在療癒階段，比較容易渴望與偏重的部分，但光靠這個角度，是無法真的解脫輪迴的；你還要學習更高的智慧來推動因緣變化，讓自己「心想事成」，這種通過正確的修為而來的「心想事成」，除了可以讓你在地球層面賺到你想要的自由、你想要的富貴或夢想的實現，同時也才能讓你自己透過這些推動因緣變化的學習過程，領悟你該領悟的生命議題，做完你靈魂的功課。

而「他心通」，並不是什麼玄妙的「魔術」，它是在你的事業上，你可以去開啟的「心的能力」，有這一通，事業才會百通。那麼你可以怎麼修練呢？真話是：最事半功倍的方法，就是透過你實務上的困境當做教材，直接找老師去學習突破。當然，找老師是要花錢的，但既然你要求財，就必須有所付出，這也是當然的。

總之，人生的下沉、公司的衰退，乃至一個社會的競爭力下降，都有個相同的原因：就是已經習慣並受限於大量的「過去經驗」與「SOP」，因而失去了「心」的能力，無法感應與順應趨勢，去做真正對的事。也許有人說：「這個道理誰不知道？」是啊！那問題就在於「魔鬼藏在細節裡」，如果你知道，為什麼你還沒有心想事成呢？

☆讓我的功課，變成我的精采

人生走到某個時候，緣分到了，你就有那個功課了，這都是在投生之前你給你自己設定的。那麼你願不願意告訴自己：「我要讓我的功課，變成我的精采」呢？

失敗後的反省與承擔，讓你的人生更精采

當一位你覺得實至名歸、拿到「終生成就獎」的人士上台領獎的時候，你心裡會覺得：「他們的人生真是精采！」然而你會發現，其實並不只是因為他們大紅過而已，更是因為，當他們的人生遇到絆腳石，他們都不逃避，都有「踩上去看」，然後看到了另一條活路，又開創出一次一次生涯的春天。所以你會覺得：他們真棒！活出了人生的寬廣與豐富。

然而所謂的「踩上去看」，在真實人生裡，或許是他們必須去向人家低頭、必須承認現實的環境，或者，他們必須去跟人家道歉等等。

那些覺得人生非常精采豐盛的人會告訴你：人生最「精采豐盛」的那些「Moment」，其實並不是在別人覺得你成功的時候，而是「在你覺得最害怕、最失敗、最羞愧的事情發生時，你終於選擇了反省與承擔，選擇回到了愛，選擇了不讓自己就此沉淪下去」的那個片刻。

例如說，也許有一次，他們的精采就是去向別人低頭道歉了；可是就是因為有去低頭，他們才有機會看見別人不同於自己原先設想的反應，讓他們發現自己原先的擔心、害怕，只是自己的預設立場和想像而已。於是透過這個經驗，他們發現，人生很多事都不是這麼可怕，不見得要那麼沉重，就愈來愈能夠對任何事輕鬆以對，愈來愈不害怕去面對困難。

那麼回過頭，我們再問問自己：「當我遇到功課，我總是讓它變成什麼呢？」若你畏縮退卻、耽溺自憐，夜深人靜的時候，你對自己就會是否定的、看不起的。而這種對自己的看不起，又會造成自己行事為人上的扭曲，例如對自己開始說謊、對別人開始嫉妒、對該做的事開始逃避等等，形成許多惡性循環，這樣就是逐漸在掉入「地獄」了。如果你這一生就這樣過下去，那下一次輪迴的時候，你的境遇會比這一世更艱難的。

反之，每當你遇到功課，你都能跨越恐懼，虛心去學習、承擔、前進，讓它變成一次一次的「精采」，那麼在人生裡面繼續這樣精采下去，你就會一直打開心胸、看開很多事情、一直向前走。那麼到後來，你真的可以不再害怕無常，甚至超越生死輪迴。

不被「一定」囚禁，才有「跳 Tone」的精采

說到無常——其實，既然這個世界是無常的，那任何時候，下一秒所發生的事情，跟你

想像的就可能是不一樣的。例如下大雨的時候，你在路邊停車，要下車的時候發現車門外的地面上積水，你就開始擔心等一下水愈積愈多，回來時會很難上車——這就是我們一般人的反應模式：看到現狀不妙，就開始擔心未來。可是「無常」就是一個轉變，所以也有可能等你辦完事情了以後，卻發現因為天氣放晴，豔陽高照，積水早就乾了，你假設的狀況根本沒有發生！反過來，也有的人現在很有錢，你覺得他一切都很「有」、都很好，可是一個無常來，他就什麼都沒了，他就跑去跳樓了。

所以「無常」就是：沒有任何事是停留在某一刻的，都是在改變的。那麼既然如此，我們究竟是要讓自己更自由？還是要綁在某個「一定要」、「一定會」裡面，繼續告訴自己：我「必須要」在某個觀念裡面恐懼地活著？如果你一定要在某個觀念裡活著，那你就會逃不出輪迴，你就會在自己給自己製造的地獄裡面轉不出來。

有些你認識的人，他們總有一種「一定要按照他們的方式來」的個性，你看他們是不是都活得很緊？然後都一直在對很多新事物 say No？他們是不是一直在跟別人的需求、跟時代的趨勢產生無法因應的落差，而被人家逐漸淘汰？這就是「活在自己地獄裡」的人。其實別人都看得到他們是怎樣把自己囚禁在「觀念」裡面受苦，可是他們自己卻看不到。

所以，你現在正遇見人生的十字路口嗎？你是否因為自己有很多對未來的預設而躊躇徬徨？其實「人生的十字路口」就是神給你的一張考卷，能看到「這次的『考卷』是在考什麼？」這就叫做「覺醒」。

而當你有覺醒時，你接下來馬上面對的就會是抉擇：「你希望你的下一刻，成為怎樣的自己？」如果你又回去做跟以前一樣的事情，那就是輪迴，你就又回到原先重複的苦裡面了。所以，何不給自己一個機會，拋開那些來自於舊的你的預設，去試試看不一樣的面對方式呢？這樣你才能夠打開視野，享受「在人生中打開很多新的平行宇宙」所帶給你的驚喜，而這也就是有「精采」了！

所以如果你覺得自己正在面對「人生的十字路口」，老師希望你想一想：你的恐懼，是不是一直在告訴你「人生一定要按照某種方式來才可以」？可是按照那樣來，你心裡感覺到喜悅嗎？生命感覺到有活力嗎？如果沒有，那你是不是願意容許自己相信，宇宙間一定還有更好的方案，是可以帶給你在這個當下的選擇題裡面，有一個更「跳Tone」的精采？

如果你想要找到這個「跳Tone」的精采，你就不能在遇到「十字路口」的時候，只是想著「我不想要什麼」、「我想要避免什麼」……你需要回到自己內心仍然有溫度、對生命依然有信仰的那個部分，專注地傾聽它對你的期許，跟著這份期許去反省、去挑戰、去行動。

那麼當你真的往前跨出去一步，神佛給予你幫助的那個「神來一筆」，就會接著來到了。

2

氣質蛻變才能向上走

☆換個「心情」不如換個「心腸」

──談人的生命要怎麼真正地蛻變？

還帶著牙套的小S剛剛大紅起來的那個年代，曾經有很多女藝人試圖模仿小S的風格，可是沒有人成功，反而讓大家愈來愈認識到：小S是獨一無二的。

人可以模仿一個當紅明星的穿著、姿勢、說話的方式，甚至表情，可是他的「特質」要怎麼模仿呢？他的「臨場反應」要怎麼模仿呢？也就是說，好像你可以去拆解出他的表達模式，可是當你照著這個模式去做的時候，卻無法散發同樣的魅力。

只是蒐集「觀念的亮點」，無法真正的蛻變

這就是為什麼，我們可以聽一個有勇氣的人分享他對人生的看法，可是並不會因為你在筆記本裡面記下了那個「看法」，然後你就可以反過來用那個「看法」，成為一個有勇氣的人。可是長久以來，大家多半都是用這樣的方式在學習：看很多的書、上很多的課、筆記下密密麻麻所謂明師的「Know-How」，想讓自己蛻變成更美好的自己。但是這樣的方

式其實是事倍功半，甚至達不到效果。

因為並不是那些「看法」造就了那個有勇氣的人，而是那個人先有勇氣，才對人生體悟出了那些「看法」。

有些人因為在我的臉書粉絲頁上看了很久的文章，覺得裡面有很多亮點都打中了他的心，但是又有一些感覺很棒卻又不太懂的東西，覺得折服，就來上課了；可是才上了一期課，他就要走了，不想上了，問他原因，他說：「老師講的都是我已經懂的，而且課堂的這些話題跟我的預期不同，我不是那麼感興趣。」這話聽起來似乎有理，但重點是，心靈成長該怎麼學習，他其實還不清楚。

心靈成長的目的，是達成個人生命的蛻變，所以如果你的「人」沒有真正的蛻變，只是想蒐集你想要的那些「觀念的亮點」（或答案），你的人生是無法真的往上走的。原因為何？因為這些「亮點」可能讓你通過一兩個瓶頸，有了一兩個「心想事成」，可是之後接著的，必然就是「心想事不成」了。因為當人事物的相對位置改變了以後，還執持著這些「亮點」，它們就會剛好成為你的盲點，造成你後續的失敗。也就是說，只要你的心裡有「法」，你因為這個「法」而成功，便也會因為這個「法」而失敗，這就是萬事萬物為什麼會有生態平衡的「大道理」（流感病毒若因為冬季而繁盛，就會因為夏季而覆滅）。

這樣的學習方式，讓你的人生境遇，都只能在同個層次一直輪迴（爬升完就下降，周而復始），是沒有辦法持續揚升的。要想一個層次一個層次的一直揚升上去的話，你是要去學習老師的「氣質」，而不是在老師的話裡去找「我感興趣的東西」。

假使有一天，你真的有天大的福報碰到了佛，你要怎麼跟祂學習呢？一大堆人一定是搶著問佛自己認為重要的問題，然後等著「聽答案」，可是「答案」會讓你蛻變嗎？會讓你成佛嗎？你明知道是不會的，如果會的話，你在家裡看佛經就可以了。你本來的目的也是想成為像佛那樣的存在狀態，可是當你已經來到佛的面前，卻不知道該怎麼做？

不是去學習「技術」或「觀念」，而是去學一種氣質

所以接下來要告訴你，你該怎麼做？「心靈成長」應該要怎麼學？但是這不會是一個「答案」，而是一段需要你用心去意會的「回答」。如果你能懂得那個「感覺」，你自然會知道，去跟一個真正的明師學習的時候，應該是怎麼去「吸收」他所給你的灌溉。

現在開始：

真正想要蛻變自己的生命的話，上心靈課學習，就不是去學習「技術」或「觀念」，而是要像學習花道、茶道那樣，是要在耳濡目染中，去學一種氣質的。

像插花，也許有一些公式或角度可以學，但是你如果只學到這些公式，你插出來的花就會變成「東施效顰」。當然插花的學習還是必須經過這些學習公式的階段，然而，你真

正的用心之處，應該是要從這些公式與角度裡面去意識到「教你的老師眼界裡所經驗到的美」，以及「老師是用什麼心情來欣賞和創作的」，把這些「美」與「心境」內化之後，慢慢變成能夠用這份「美感」去插花，而忘掉那些公式去創造，那才會「入藝」——就是會真正進入到藝術的境地，也才會真的跟老師「印心」，接收到老師在花藝中的精髓。反之，如果是把公式變成了習慣性，看起來也許很熟練，但做出來的作品就會有一種匠氣（或人家說的「油」），而走入匠氣，會蒙蔽一個人的創作靈魂，中止一個人的藝術生命，在培養一個真正的藝術家的道路上，其實是很致命的叉路的。

同樣的，心靈課也會給你一些公式、角度或「看法」，然而你如果是抱著學習這些「看法」而去，你也會變得很匠氣，你將扼殺自己未來能夠因應著現實狀況的無常，而展現出千變萬化、舉一反三的創造能力（最極端的例子就是那些恪遵著「語言文字」的基本教義派的宗教信徒了）。

所以上心靈課不是在問「有效」、「沒有效」，而是在學一種「氣質」，如果你的「氣質」上來的話，你的世界是可以由你的意願去千變萬化地創造的。所以想換個人生嗎？那就不是換個心情，而是換個「心腸」。

「氣質的轉變」有點像是「腦神經模式的改變」。「富爸爸」與「窮爸爸」真正的不同，其實不在那本書的文字或觀念裡面，而是在書本之外的「地方」——就是他們的腦神經模式！因此，真正會讓你的人生不同的，不是你現在看到的那一兩個「腦筋急轉彎」的觀念突破，而是你的腦模式發生了整體的轉變。就像老師上課時給你講一個角度，你說：「喔！原來這麼簡單！我也會！」但雖然你說「我也會」，可是人生不是只有這個角度這麼簡單，不是嗎？你的腦模式必須變成跳躍式的（非線性），才能夠打開智慧的天線，不然一兩個「心想事成」之後，「心想事不成」就會接著來了。

學到人家幾個角度就覺得自己「會」了，那就叫做「東施效顰（半桶師）」，你是學不到人家的「內涵」與「氣質」的，「氣質」都是長年的浸泡與累積，才能體會得到的「德行」。如果你沒有累積出這種「氣質」，即便高靈給你很好的訊息，你都會看不到重點，而把它解釋成你的頭腦裡所設定的既定看法，這也是「一念成佛，一念成魔」的另一個意思喔。

「氣質的薰習」才是「不退轉」的方法

因此，例如，如果看老師的文章，你覺得常常看到很多讓你眼睛一亮的觀點，讓你覺得你「學到了」，那麼你就更要放下這些「學到了」，而去感覺，這些文字之內是否散發出一種氣質（德行）？如果你在平常的生活中，都有記得「感謝＋反省＝奉獻」，你是會感受到那個「氣質」的；但如果你活得比較功利，你就只會從這些文章裡面去選擇你想拿到的「亮點」，那你便會意識不到這些文章所來自的「心」——但那個「心」，才是你應該要去觸及的創造性源頭。

所以如果你是能夠從這些文章裡面感覺到那個「氣質」的人，而且這個氣質令你欣賞甚至感謝，那麼請記得，這些文章一直以來讓你感覺有「學到了」的亮點的原因，就在那個「氣質」裡面，所以你如果要來上課跟老師學習，就應該是要來學到這個「氣質」。那你就要抱著像學習「茶道」、「花道」那樣的想法而來，才會成就這個蛻變。

因為，將我們的意識主軸由「頭腦」轉變為「心」，並沒有速成的方法，它必須一點一滴地從量變到質變，而「氣質的薰習」，才是真正能夠「不退轉」地改變你的一生、改變你的未來的學習之道。

所以當你來到一個勇者面前，如何蛻變成為另一個勇者呢？其實很簡單，請你不要問他：「你對這個有什麼看法？對那個有什麼回答？」而是去注視著你內在被他影響過的那份感動，然後由衷地感謝他所帶給你的貢獻，然後認真地反省自己：這份貢獻珍貴嗎？有多珍貴？那如果珍貴，我該怎麼做呢？我會怎麼做呢？然後你自然會知道你該做什麼。如果你就去做了，你就會真正地開始跟這個勇者「印心」了，你就會真正地開始走上蛻變成為下一位勇者的道路。

但如果你碰到一個勇者，你是拿著筆記本去，上面羅列了你的瓶頸、你的一千零一種恐懼，你抓住他不斷地問：「這個該如何解決？那個問題要怎麼不害怕？」很快你會忘了最初遇見他的感動，進入你所有的煩惱裡面去「聽答案」；但你其實已經「看不見」那個勇者，你已經失去了被他的「能量」燒灼，將你的頭腦轉為心的機會；然後你只會聽到那些回答出來的文字，接著就以為你已經從他那裡「拿到」一些東西了。

可是回到現實狀況時，你將會再度失望地覺得：你「知道」卻「做不到」，筆記裡記錄的一切彷彿全變成了「老生常談」的「我都知道，但是就是不想動、動不了」。然後因為你在你的失落感裡面，你也會忘記當初遇見那位勇者時曾經有過的感動與欽佩，更不會產生「你該如何珍惜這樣的人的存在」、不會產生「你於是會想做什麼」的悸動；然後，你將還是你，他便還是他，你們又變成了兩條平行線。結果，你將繼續流浪著，去尋找下一個被報導、讓你想去朝聖的勇者……

所以，在之前的文章曾經提到，高靈說，「修行」從某個角度而言，就是「近朱者赤」，現在你是否對這句話更了解其深意了呢？是否更知道該怎樣做所謂心靈的「學習」，生命才會真正的蛻變呢？

☆世間最危險的事是什麼？

一個天氣涼爽的假日，走在街頭，看見一幕奇異的畫面：一部正在等紅燈的賓士敞篷跑車，坐了兩個年輕男人，乘客座位的帥哥利用停紅燈時拿起手機愉快的自拍，畫面到此沒有任何問題，問題是：明明沒有後座的跑車，在座位與車體的夾縫中，硬生生塞了第三個人，而她卻是一個女生！因為空間狹小，女生是以側身的方式半蹲在後面。

這有違常態的三人出遊畫面，彷彿益智測驗般給予人無限想像空間。結果我聽到，一對經過的情侶，其中的女生居然說：「我希望那兩個男生沒有一個是那個女生的男朋友，因為他們沒有人會愛她！面子比她重要。」

哈哈，這個快速解讀真有意思。

雖然無法就這一幕遽以論斷，但這個畫面的確非常有隱喻性，讓我聯想起曾經在工作中見過的許多故事。故事的主角彷彿擁有一個令人稱羨的命運，卻實際上在一個不真實的位置、用一種極不舒服的姿勢存在著；但這還不打緊，最重要的，就像那部跑車上的第三人一樣，隨時一個急轉彎，最可能被甩出去、摔得遍體鱗傷的就是她。

就用這個畫面作為引子，讓我們來思考一下吧！如果你能看遍人世間的各種故事，你認為其中最危險的一種，是什麼呢？

心愈「正」，辨識能力愈強

有的人自以為很會力爭上游，與人相遇，沒搞頭的立刻無視；有搞頭的，腦袋就立刻開始轉啊轉地，心裡就忙著在計算了。可是有一天，卻必然會碰到比他頭腦更厲害的人，並且栽在他的手上，因為他碰到了老江湖，老江湖一看到你在打量他，就知道你上鉤了，他一眼就知道你被他吸引了，就會來選你下手，結果你前面賺的，都在這一次給他吸個精光。可是為什麼能夠斬釘截鐵地說「必然有這一天」呢？因為勤於計算的人，本來就是一直想往資源多的地方鑽，而能夠在那個地方讓你遇到的人，比你更會包裝、更會吃人的人，自然多得是！

就算你是個不太算計的小綿羊，但當你懷著夢想去到某個你以為可以施展抱負的地方，你也希望盡可能找到資源來幫你，可是那裡也有大野狼會看到你的渴望，於是單純的你正好成為他的口中肉，成為他踩著你上去的棋子。

所以人世間最危險的事是什麼呢？古往今來都是一樣，就是：人家看得出你要的餅，可是你卻看不出人家的企圖。

你看到一位西裝帥哥，開著一輛不錯的車，心裡就覺得：「哇！這是我的天菜。」然後就開始編織期待了。可是，你現在所看到的西裝與名車，是他內在真實豐盛的外顯，還是虛偽外加的包裝呢？如果沒有辨識的能力，很容易就掉入自己的想像裡面，而只想著你要的，其他的自然就看不見了；這樣的話，若是真的嫁過去，正是不幸的開始。所以開個玩笑講，想嫁進豪門的女生，你也得有能力辨識，那是不是真的豪門啊！

面對古往今來一再重複的人騙人、人踩人的劇情，「辨識的能力」就是：我們活在這個地球上，幫我們趨吉避凶必須有的防毒軟體。可是要如何才能具有辨識能力？很多人一直在學著讓自己「更會算」，他會尋找規則、公式，用頭腦去學習怎麼「打算盤」，結果愈學，反而愈被所學給蒙蔽。

這是錯誤的方向，雖然剛開始的時候會有甜頭，但一直下去，最後一定會栽大跟頭，為什麼呢？因為正是由於你很會算，所以你會去達陣的地方，永遠有比你還會算的人在等著你。

所謂的「辨識力」，是一個人內心對人、對事的真誠，所累積出來的一種質地，簡單說，一個人的心愈「正」，他的辨識能力愈強，這才是真正的辨法。這可不是在教忠教孝，這就是佛法裡所說「能朝向解脫的靜心」（六度當中的禪定波羅密）真正能夠發生的原理。

例如另一個女生同樣看到了這個帥哥天菜，但她沒有進入自己的「想要」去編織什麼企圖，而只是很真誠、平實的跟對方交流，那麼她將比較容易察覺到對方身上不相稱的頻率——如果有的話。就算她翻譯不出那個感覺，但她會本能地保持距離，然後給自己一些空間，從別的角度再去觀察，這就讓她在不知不覺當中趨吉避凶了；如果這份真誠有相當時間的累積，而且夠精純細緻，那麼甚至後來還會到達能夠「心不動而感應」的地步。

靈性的成長與世俗的豐盛，完全可以並行

講得遠了，回過頭來，剛剛說辨識力真正的培養方式，是靠真誠去累積出來的，很多人可能都認為自己是個真誠的人，但這就像：如果你做民調的話，大部分的人也都覺得「這社會病了、但自己沒病」一樣，這並非實情，只是缺乏自我察覺而已。事實上有另一個指標，可以供你檢視自己到底夠不夠真誠：

你可以觀察看看自己在做人做事的時候，有多少比例，是心存「湊合」與「應付」的？這個比例如果愈高，你的心就離「真誠」愈遠，那麼你的辨識防毒能力，其實就還有很大的努力空間！

因為「湊合」和「應付」在工作上，會使你的品味和敏感度愈來愈低；在人生上，則會讓你本來清明有覺的事，變得愈來愈模糊。所以為什麼日本人認為「職人精神」是一種

心靈的修練，而不只是技藝？因為他們認為，只有誠心誠意去為別人的需求奉獻，並堅持一段很長久的歲月，自己的技藝才有可能出神入化，而心與五官的敏銳度才能夠真正地打開至不可思議的地步。

「湊合」與「應付」則會使人喪失「心」的敏感度，更不用說，也會奪走人生命的喜悅與成就的高度。但很多時候，人是因為無力感才這麼處世的，他一開始也不想要這樣子，因為自認必須如此才能生存下去，久而久之就只好讓自己麻木，叫自己「不要想那麼多」了。然而這是一個惡性循環，過著「湊合」與「應付」的生活，只是把這份掙扎塞進潛意識裡，讓潛意識去承受，卻造成了各種失眠、奇怪卻治不好的病症；並且若一遇到好像可以翻身的機會，他立刻就想得比誰都多，患得患失的程度連自己都快控制不了。

因此在我的課程中，會花很多時間在拿掉學生的無力感，讓大家就著現實生活，去看到自己可以去事半功倍做事的方法、找到雙贏的做人智慧，以至於因此觀照到自己自我設限的盲點。如此，你才會相信自己可以不必過著「湊合」與「應付」的生活，不必麻木自己、你有能力在保有真誠中，創造現實世界的豐盛（這豐盛同時也更完善地嘉惠了他人），這樣你就不會去走偏，然後剛剛說的辨識力，就會敏銳起來。這就是菩薩道。

如果你很聰慧，就可以在這裡窺見，為何靈性的成長與世俗的豐盛，完全可以、而且應該會並行，並且你應該也知道在生活中自行修行的大方向了。但如果你覺得仍有困難，那麼來找老師上課，就是你可以採取的辦法。上課是透過前人的智慧去縮短你的路程、減少自己走偏所浪費的受苦時間，逐漸開展出屬於你的清楚；然而如果真的有非常重要的事需要立刻加以釐清，那麼找老師作個人的諮詢，直接借用老師的能力去辨識，當然也是可行的辦法。只是，心正的老師，不會是有求（或有錢）必應的，他也必須去辨識這對你是否真正有益。

☆不抱怨的生活，怎麼做得到？

——高靈說的「眼界」，跟你想的不一樣

現在很多家長想把孩子送到國外，認為拓展「眼界」很重要；可是我們不也聽說過很多喝過洋墨水的碩、博士，在國外待不下去，回到家鄉也是到處跟人家格格不入，最後落得高不成低不就嗎？那這又是怎麼回事呢？難不成「眼界」也會害人？

看見當下環繞著你的真實狀況

說到「開拓眼界」，一般都以為是要去國外多見識些更好的什麼，才是開拓視野；其實這雖然值得鼓勵，但也會有弊病，這個弊病就是：有了某個眼界以後，反變成看不見「當下」。

所謂的「當下」，就是在此時此刻圍繞著你的「別人的狀況」。到國外去增長見聞，你看東西的種類與數量是增加了，但不見得你對「當下」的「敏銳度」是增加的，這兩者是不同的向度，否則就不會有所謂「專家是專門害人家」的說法了。如果你「眼睛的餘光」

很窄，就算學了很多東西回到家鄉，反而會到處跟人家格格不入，不知道如何靈活應變，變成人家眼中排斥的三寶，自己卻覺得自己比較優越，這種人也很多。

「眼睛的餘光」是什麼意思呢？例如有的人的眼睛只能看到前方，那就很容易變成馬路三寶；有的人可以看到左右一百八十度，那他在別人的車子才闖入視線的邊緣，就可以立刻做出反應；有的人的餘光甚至能夠敏感到身後的事物，那就甚至能同時知道前後車的相對態勢，而能夠無往不利了。

所以什麼是「眼界」呢？眼界不只是你「看過什麼」，更是你能不能「看見當下」，看見「當下環繞著你的真實狀況」。

所以，讓一個人的成長最快的，並不是遠渡重洋去留學，而是從切身遇到的事情裡面，去開展出你的「敏銳度」，這就是「眼界」的另一個更高層次的意義——拓寬你眼睛「餘光的寬度」。

例如現在開車的人，愈來愈不會禮讓，你就必須在腦中更新你的印象，不能再認為，只要遵守交通規則就是安全的；你能夠「入境隨俗」去做調整，這才是「有眼界」、「有修行」，也才能叫做「看見當下」。又例如你覺得禮讓是個好的文化，你可以去實踐，但是你更該優先知道，社會現在的「實相」並不是這樣的；因為現在整體的駕駛風氣，已經與十幾年前不同，因此你就不能期待別人也會做同樣的事，認為人家「應該要怎樣怎樣」。

有這樣對當下環境的認知，當你的禮讓面對別人的不禮讓時，你的心情才能夠寬鬆，不會去跟人家理論或吵架。而由於認識現在的「實相」，有的時候「禮讓」如果會發生「危險」，你也就會立即變通，懂得該讓或不讓，說不定要立刻猛按喇叭，或懂得作假動作去威脅對方，好讓對方閃避。

藉由別人的行為，產生自己的反省

很多人學得愈多，反而愈是活在自己的想像裡、「應該」裡，而不是活在實相裡，那這就不是「有眼界」。很多心善的人都是所謂的「小綿羊」，在這個社會上很容易受傷，而在那個當下你總是不知道怎麼處理，也沒有能力立即做出反應，於是就只能生氣在心裡；可是這個生氣會導致你更是只會執著地用你的「對」去對照那個「錯」，然後你的情緒就一再發生，卻沒有開展出有智慧的應對方法。那你的這些心裡的「對」，無論是國外學來的還是經書裡看來的，這些都不叫眼界，而是叫做「障礙」，佛法裡說的「所知障」，就是這個意思。

所以開拓你的眼界，就是要常常放下你心裡頭的「應該」，從各種角度，去認識你所在的「當下」。愈有在做這樣的練習的人，他的心就會愈開悟，然後也就愈能夠突破盲點，靈活地處理事情，那你就會明白《金剛經》裡面所說「應無所住而生其心」的意思。

至於這個世界，或許真的有很多人的行為會讓你覺得不健康、不OK，那你可以怎麼辦呢？最有智慧的態度，就是「藉由別人的行為，產生自己的反省」，因為這樣子，你的人生就會因為有他們的出現，反而幫助你更往上走。

例如遇到服務不周的商家，別只是生氣，你就自問：「以後我該怎樣留心，做生意才不會變成那樣呢？」遇到誤會我們的人，你就自問：「如果怎樣說話，或先做什麼核對，就可以減少誤會呢？」開車被人家擋了，你就自問：「我要怎樣不會變成擋了人家路，而不自知呢？」你可以藉由這樣做，打開你的「眼界」。

人生能往上走的人，都是藉由別人的行為，產生自己的反省；而方方面面都一直這樣去學習的話，這些「方方面面」就會像是「水」，能讓你的成就水漲船高。並且，當你在生活中一直是透過這樣的方式，累積與拓展出許多角度的視野，因而感受到成長的好處時，若再遇到了別人會覺得討厭或困擾的事情時，你就會自然而然地沒有什麼抗拒的情緒產生，只是會很「活在當下地」直接去面對和處理，不會像以前那樣氣得整個晚上都睡不著覺了；那你就會知道，為什麼真的可以有所謂的「不抱怨的生活」，其實就是這麼做到的。

☆人生瓶頸怎突破？

——放下自我，去欣賞！

所謂的「能力提升」，並不是說你去學一個技術，然後你有了那個技術，就叫做提升；你有一個「技術」，那只是達到「匠氣」的層次，還沒有達到「藝術」的層次。

你的技術要變成藝術，才是真正的能力，才會出類拔萃。

了解自己在哪個領域比較有「欣賞能力」與「感覺的能力」

就如一個工匠，他做一個杯子，有匠氣的層次，那個杯子就有行情，如果市面上大同小異的東西一個賣八百塊，那你也就要賣八百塊，不能差太多。可是當一個工匠，做出來的東西達到了藝術的層次，那個杯子的價格，就可以從八百塊向上到無限。

現在很多人不想在公司裡面領老闆薪水，想自己出來做吃的、做喝的、從事各種創業，但是出來做了以後才發現，工作比以前在公司還累，賺的也只不過比以前多那麼一點點，而且，三、五年之內就遇到瓶頸了，什麼瓶頸呢？就是利潤上不去了，因為自己所定的價位，已經被行情限制，可是也不知道怎麼才能再上去，做到更高端的族群；但如果不繼續往上走的話，現在這麼勞累的生活方式就會無可奈何地一直循環下去，看不到未來。

其實突破這個瓶頸的答案就是：現階段你的能力，要提升成為「藝術」，不能只是「技術」。而能夠提升你的能力到達「藝術」的層次，你所需要經歷的這個培育的過程，叫做「去欣賞」。

然而這是無法立刻看到效果的，所以大部分人都不願意去做，可是一旦事業發展碰到瓶頸的話，就會沒辦法突破。

現在我們很多年輕人的無力感，被歸因於大環境的衰退；但是在他們自己身上，也是有其因素的，這個因素就是：他們所接受的教育，嚴重地缺乏「去欣賞」的培育，而只有智性與技術性的訓練。

因為「欣賞」是跟「打開先天財庫」有關的。例如有的人前世是某種行業的人，當今生再看到類似的東西時，如果他能夠跟隨著自己的被吸引（即興趣）而去「欣賞」，他會發現，他甚至只是專注地看過一遍，就能知道怎麼做了，也就是那個前世的能力又回來了。而前世累積的能力，就是人的「財庫」，因為它可以讓你在今生學習某些事的時候，比人家更快又更好，所以就比別人容易獲得成就。

這就是為什麼在學校的時候，除了英文、數學，還要有美術、音樂這些科目的原因。

這些多元化的課程的本意，是讓孩子有機會去發現，自己在哪個領域是比較有「欣賞能力」與「感覺的能力」的（也就是先天的財庫在哪裡）；而父母最重要的事，就是從中去察覺小孩的欣賞能力是在哪一個方向上，然後在這個方向上去栽培他（古早時代的「抓週」，也就是在探詢這個方向）。

可是現在大部分的家長，總是一心想要把孩子送往自己認為有出息的方向去學習，覺得哪些科目是重點、哪些科目可以砍掉不重要，然後對自己孩子的天賦一無所知，硬把孩子往自己想要的地方塞。這種作法其實是「事倍功半」的，因為你沒有讓你的孩子去汲取他的「天賦財」來運用；此外，等到他十幾年後長大出社會時，當初你所認為的那些「有前途」的社會趨勢，往往也已經是滄海桑田，不若從前了，不但你們白辛苦一場，也把一個本來很美麗的靈魂，壓縮成了一個只會用社會性的條件去評價自己、又把生存恐懼看得過於巨大的「小木偶」。所以當大環境的貧富差距愈來愈大的時候，年輕的他總一直看到自己的渺小與平庸，就變得消極和逃避。

而拚命想把孩子塞到「有出息的地方」的家長，其實自己也正在變成一個愈來愈無趣的人。年輕的時候忙於賺錢可能還不太覺得，可是一旦進入了退休階段，由於沒有培養出「欣賞的能力」，他的晚年其實是會過著極其無聊、不懂得生活情趣、又一天到晚怕病怕死的生活方式的。

其實如果你能夠即早開啟很多欣賞的能力，對音樂、美術、空間、戲劇……那麼這些你所欣賞的領域，就會滋潤著你，為你創造出你個人的「文藝復興」，也就是你會對你的人生產生出很多「去做些什麼吧」的靈感與熱情，使得你的生活變得多彩多姿。你不會只是一直想賺錢，而會更知道如何把錢花得很有滋養和意義。

在人類的歷史發展中，有所謂的「黃金時期」，個人的人生也是一樣的，你可以把自己晚年的生涯變成你的黃金歲月，而不必沉湎在「想當年」。那麼這個「個人的文藝復興」是靠什麼來成就的呢？就是靠你能夠「去欣賞」的能力。

提升能力到達「藝術」的層次，所需的培育過程是「去欣賞」

現在再拉回到年輕人的處境來講，剛剛說，很多人遇到生涯瓶頸，總是可以從大環境去找到理由；可是事實上，只要你做的事能夠提升成為「藝術」，而不要只是在「技術」層面，你就會發現，反而這個大環境是在幫你的。為什麼呢？因為所有人都在退步，可是你卻變成「精品」了，那麼你的價值在比你高端的人看來，就會無可限量，他們絕對會投資你的。

而能夠提升你的能力到達「藝術」的層次，你所需要的培育過程，也是「去欣賞」。

先解釋所謂的「藝術」是一種什麼樣的表現層次呢？這本來是無法嚴格定義，只能夠用感性去意會。例如有的人去跟老師學插花，成果發表的時候，你會覺得他插的花「是有那個形狀」，可是你並不會覺得漂亮；有些人不一定插得跟傳統教的一樣，然而你就是會覺得那個作品在發亮，這就是藝術。

又例如，為什麼那些世界名畫會成為經典？並不是因為它們有名，而是對於後續無論是哪個時代的學畫的人，他們去看了以後都會很有感覺，會讓他們對於色彩、構圖、光線的表現等等，有著諸多啟發，因此這些作品才能成為歷史中的佼佼者。也就是說，達到「藝術」層次的東西，會讓人接觸到的時候，感受到很多從心裡面而來的滋養與啟發。

「滋養度」及「啟發性」愈豐富的東西，就愈是精品與經典，如果你所做的事情是往這個方向在發展，別人可以跟你競爭的可能性就愈低；並且隨著時間的累積，你的發展不但不會有瓶頸，還會比別人累積了更豐厚的心靈與物質的資本，去做更精采的創造。

然而「藝術」這種能力，要怎麼培養呢？就是你要「常常去欣賞」，只有懂得欣賞的人，做出來的事情才會變成藝術。那什麼是「去欣賞」呢？就是常常使用你感性的部分，去提升你五感經驗的細緻度。

舉例而言，「社交喝酒」與「品酒」是不同的。你用喝酒去達成社交目的時，那並不會開啟你對酒「感性」的覺知，因為你是在頭腦設定的「目標性」上運作；但品酒是不同的，懂得品酒的人，他是能去享受某一支酒給他的意境的，而在享受那個意境的時候，他同時也會在那個體驗裡面，去做細緻的分辨。例如他會用心去覺知：如果這裡面的哪一個味道多一點或少一點，可能會變成如何？例如會更有老家具的感覺，還是更文學？他會讓自己的感官變得很覺醒，能在細微的部分去體察出這支酒營造出的感覺，以及其精采之處。

這個留意與分辨，其實就是「反省」的意思。如果以數位語言來把這些「反省」，比喻成不斷在許多選擇之間比較來比較去的「0 1 0 1 0 1」訊號，那麼這些細微的「0 1 0 1……」最後會引動出來的，就是「沒有所謂0、1」的一種融合性的直觀，那這個直觀，就是「品味」。

簡單地說，「欣賞」就是在一件事情裡面去enjoy，並在enjoy的時候同時去觀察。而真正的學習，是同時培養「細緻觀察的能力」與「欣賞的能力」兩者，這才會有「品味」的養成。

當你在生活中讓自己很常有機會這樣去做的時候，你就是在把自己培養成為具有「品味」的人；那麼你做任何事的時候，你就會用你的品味去校準它、營造它，使它具有對別人而言更高的滋養度與啟發性。如果你的欣賞能力愈來愈高，也就是你的覺察度變得愈來愈細緻，到後來，你所做出來的事情就會是所謂的「精品」，那麼它一定具有稀有性，因為大部分的人是沒有能力做到的，就金錢或事業而言，你一定會愈來愈豐盛。

好強、自我、算計，都讓你學不到「藝術」的層次

其實現在很多人也懂這個道理，所以會願意讓自己去接觸很多好的經典、好的精品、好的設計，希望提升自己的視野與品味。可是為什麼很多人好像花了大錢到處去看頂級的東西，他所做出來的東西卻還是很匠氣呢？

答案就是因為，這些人都是很「愛現」的，他們是被這個「愛現」所障礙。

高靈說，當你「想要表現」的時候，你同時就會失去「欣賞的能力」，因為那個自我跑出來了，你的自我已經「不允許」自己臣服於更上一層樓的東西。

人真正在欣賞什麼事物的時候，他是放下自我的，他的五感會向那個經驗開放，所以那個經驗才會「印」進他的心，讓他的靈魂增添了這一味，而匯入一種能量和感覺。然而當一個人是「自我」的時候，他的心其實是關閉的，所以他是用「頭腦」在「欣賞」——而那並不是真正的「欣賞」，那是在「羨慕中」，並且嘗試用頭腦去「擷取」和「模仿」，於是那個擷取出來的「數據」就會很粗糙。就好比本來一幅畫是用一百七十二色畫出來的，可是他的腦子只能看到二十四色，他就認為他確實已經「看到了」那幅畫，並且自認為知道了可以怎麼去畫。所以他去做出來的東西，就會變成所謂的「東施效顰」；也就是說，就像一個女生如果去分析另一個受歡迎的女生，微笑時眼皮打開的幅度，然後認為她已經

知道了祕訣，那麼當她按照這麼去做時，這將會變成一抹怎樣的微笑呢？

「愛現」的人無論去見識什麼、學習什麼，就算明明接觸了很多好東西，他弄出來的東西還是會很「匠氣」，因為一個人老是想表現自己的時候，他在生活中是甚少在「真正的」欣賞的，反而常常落在嫉妒和比較裡面。甚至於當他接觸到好的東西時，他一邊看，一邊心裡其實是在想：「哼，這個我也可以。」然後便一直在用頭腦分析：「就是這個角度嘛、這個技巧嘛、就是這種筆法嘛……我也會。」所以其實他吸收到的滋養很少，他的品味其實並沒有真的被培養出來。

也有一些有天分的人，一開始的創作是令人驚艷的，但是到後來卻愈來愈讓人覺得匠氣，也是同樣的原因。因為他成名了以後，開始自大了，他的自我開始很容易嫉妒、只想要證明自己，所以他同時也已經停止了欣賞、拒絕了被感動，他原本靈敏的天線就會漸漸鈍化掉了。可是他還是在那裡撐著繼續用頭腦創作，所以出來的東西就沒有那個「靈氣」了，而別人其實也是會有感覺的，就會感覺到他的藝術生命已經在枯萎。

所以，人不要好強、自我，因為這樣去學習任何事情，你都學不到「藝術」的層次，只能看得到表面；學到了形，而沒有神。最可怕的，是自己完全看不出自己的匠氣，可是真正有能力提攜後進的那些貴人，都看得很清楚，所以他們就會對你隱藏起他們自己。

現在也有很多人去學習創作或接觸靈修，可是如果你急著表現自己、急著想有發展，那也一樣會把這些學習，變成很匠氣、很頭腦的東西。甚至有些人去學習各種心靈法門的時候，是抱著「我拿到證照以後，也可以去做這個來賺錢了」的想法；或是連開設這些課程的老師，也是以「你可以以此為業」為招生訴求，吸引人前來報名。

如果你是因為「發展、賺錢」這樣的動念而想要去學習，你要知道，有一面無形的天花板，已經在那裡阻斷了你的大好前途了！因為在很多的起心動念之間，你將會把頭腦的算計放在優先，連你自己都不會察覺；而對於你該學好的事或你要服務的人，你就不會有那份不計得失的熱情去付出，所以你所學的東西就不會「入藝」與「入神」。

於是如果愈來愈多人去學同樣的東西，拿到同樣的證照，你的不安感就會愈大，因為你自己沒有感覺到你有任何真正的獨特之處，你只是拿著一個證照而已。

「智慧」就是把「生命」變「美麗」的一種「藝術」

反之，在生活中一直有「去欣賞」的人，同樣的東西拿到了他的手中，就會因為他的品味，被他變化成獨特的東西；甚至於在一開始要去學什麼的時候，他已經很知道他應該選擇什麼了，因為他會知道「我是誰」，他會把自己放對位置，使得自己的天賦能從那個位置，得到最大程度的發揮。

也就是說，當你是一個有品味的人時，你同時也會知道自己適合擺在什麼樣的位置去生存，那你就會很輕鬆地駕馭你的生活，而永遠不會讓自己發生「龜兔賽跑」的故事。在這個故事裡面最需要反省的是那隻烏龜，牠為什麼要去和兔子比賽賽跑？那是一個非常愚蠢的決定，如果烏龜選擇把自己放在水上，牠會游得悠然自得，而落水的兔子反而會很糗。

可是如果你很有品味，你一直有在欣賞萬事萬物，那你不但會欣賞自己，也會欣賞兔子，所以你也不會希望兔子落水，變得很糗來證明你的自我；你會超越編這種「龜兔賽跑」的故事的人的思惟，而活出另一個更美麗精采的故事，那個故事就是：你會跟兔子說，如果我需要到陸地上去，請你當我的計程車，帶著我跑，那我就可以飛快；然後我會游到湖的對岸，拔取你拔不到的紅蘿蔔給你，那你也會吃飽。

能夠從差異中，去創作出「雙贏」，這就是智慧，也是很大的能力，而「智慧」就是能夠把「生命」變「美麗」的一種「藝術」。

所以高靈所說的「學習心靈成長」，就是在培養你的「品味」，品味什麼呢？品味每一種人、每一種事、每一種物，品味出原先你所看不到的更細緻的層次與角度，那你就會脫離原先的主觀與自我設限，把生活中碰到的任何人事物，調和成一款美味、滋補、非常令人喜悅的醍醐味。

很多人以為是心理有問題才要去上心靈課，那是把心靈課局限在「療癒」的層次去看，其實心靈課還有另一種層次，就是透過課程的浸泡，讓你不斷去品味一種用智慧去看事情，所展現的「生活的藝術」。

而當你透過浸泡在智慧的啟發裡，去品味到生活的藝術時，其實你的人生在不知不覺中，就已經在改變了；幾年下來你回頭一看，你會看到你和當年的你，已經非常的不一樣，你的能量盈滿、更常常能夠自然而然地產生由衷的感謝之情，即使你還是會有人生的功課要做，但也很難再掉到需要去「療癒」的低沉頻率裡頭了。不止如此，你還會更容易的看懂許多人事物，變得更快地能夠與拖累你的模式脫勾，開展出駕馭它們的能力。那麼老實說，這樣的你不賺錢都很難、不豐盛都很難。

因為「欣賞」而去付出，你會更豐盛

然而在這種生活裡，你是不會為了「賺錢」去做事情的，你除了 enjoy 你的生活，還會很慷慨地去付出和分享，這「慷慨的付出」，也是「去欣賞」之後很自然會有的作為。例如說，你會很樂意花錢去看頂尖的演唱會，也會很樂意去幫助別人走上豐盛之路……可是人生就是這麼好玩，當你這樣「因為欣賞而去付出」的時候，你又更成功、更豐盛、更富有了。

「原來演唱會的流程要這樣設計才會更精采啊！原來燈光要這麼打才會有效果啊……」這裡面都是人家的心血，也就是所謂的「精品」。也就是說，其實一場很棒的演唱會，裡面就有很多的「精品」了，不只是熱鬧一陣完了以後，你就回家了。如果你願意花錢去買門票、懂得好好去欣賞，在欣賞中細細品味、觀察，那你甚至就會知道：「原來我的店裡面，燈光也可以怎麼打啊！原來宣傳活動的流程設計，也可以是這樣的啊……」那麼這些是什麼呢？這些就是你又更成功、更豐盛了。

而每一個人的基因都是獨特的，所以當你在你的人生中一直去欣賞時，你自然會把所獲得的養分，咀嚼成為你獨特的展現方式，自然而然地流露在你的創造上，因此你會看到自己獨特的芬芳，也沒有別人能夠模仿得來的。

所謂的「走出自己的路」，真正的意思是這樣的，並不是為了「我想要跟別人不一樣」而去「有風格」；剛好相反，只有一顆謙遜的、沒有想要證明自己、一直願意去欣賞各種人事物的心，最後會走出自己獨特的路。

這也是高靈說的，「宇宙的 DNA 反轉法則」：愈沒有在要的人，反而得到最多。

當我們放下自我，去欣賞別人的同時，其實也就是在進行一場場「細緻的覺醒與學習」的禪修，而這些透過欣賞所開啟的悟性，會讓你自然而然能將手邊現有的資源，發揮出「一加一大於二」的效果，使得你的人生進展的速度，遠超越過去的你。

所以，例如你做一個行業的時候，不要整天只想賺錢，你要願意常常花錢去旅遊、吃各種好餐廳，甚至欣賞各種表演藝術等等，然後在裡面用心地去「感謝＋反省」……那你就會從這些「感謝＋反省」中，自然而然產生出很多「如何去提供更好的東西」的想法出來，而你也會很興奮地、摩拳擦掌地想要去做，那你的事業當然就會一直往上走。

然而，在這種生活裡面，你最大的收穫還不是別人從外在看到的那些成就，而是自己的內心，已經常常在喜悅與豐盛的感覺裡面、感激著周遭的一切了。

生命揚升的「向上拋物曲線」：感謝＋反省＝奉獻

高靈說，當你循著這個「去欣賞」的路徑愈過愈好的時候，你就會有一種「空性的領悟」油然而生。所謂的「空性的領悟」就是說，你會覺得自己一切的成果都「不是自己的」，因為你深切地知道，你之所以能夠愈過愈好、愈做愈好，那都是很多很多你所欣賞過的人、事、物，帶給你一路上的滋養，才有現在你的每一個展現；包括曾經為難過你、打擊過你的那些人事物，你也會很清楚地看到，他們對你的貢獻一樣巨大。而這個就是「感謝＋反省＝奉獻」裡面的「感謝」，你已經修成了。

那麼「反省」在這裡的意思，就是：你自然會有你的思考，想將這些前人所傳遞給你的美好，排列組合成更多新的創意，創造出更新的東西，再去回饋給這個世界。而這些新的創造，你不會認為「是你的東西」、「是來自於你」而沾沾自喜，你反而會愈來愈無我、謙卑，因為你真的是充滿感謝。

而充滿感謝，又會讓你更懂得去欣賞，你就會再看到下一個更細緻的層次（也就是更高的層次）的智慧，你便可以用它去把事情做得更好，於是你又再度帶給自己與別人，下一階段更大的奉獻了。這個循環就會造成生命揚升的「向上拋物曲線」，而你的人生在別人看來，就會是個傳奇。

這個一直在進步、一直在提升的感覺，只有你自己最清楚；但是從別人對你的眼光、對你的信任、對你的欣賞、給你的位置……你也會看到你在這個世界上，已經一直在往上走了。但這些事情的發生，完全不是像人家講的，有一個成功學，然後因為我想要成功，所以我就去實踐它……這完全不是那種目的取向的東西，而是什麼呢？它就只是「一種生活」，就只是在「一直這樣去過生活」中，水到渠成時演化出來的實相而已。

你只是在這種生活裡面享受著、你只是一直在這種生活裡面「看著」——有意識地看著你這樣的生活是如何地逢凶化吉，如何地跟一般人的思惟不同，而能夠將絆腳石變成墊腳石；看著你自己是怎樣覺察到各種浪頭，而能夠踏上去駕馭……這一切只是你的人生活出了一種氣質、一種芬芳，然後你就體驗到佛陀所說的「步步蓮花」了。

如果你看到這篇文章，覺得有所啟發，那你要去看進自己的內心，那個「有啟發」是什麼樣的感覺？你是否想要更多地去浸泡在這個感覺裡面？如果你感覺到「對，這就是我想要浸泡在其中的芬芳」，那麼是的，你就是適合跟隨著高靈，學習智慧的人了。

☆知識上的貧富差距，是你在未來世界的成敗關鍵

高靈說，現在的世界仍然持續在兩極化（M型化），大部分原來在中間的人，目前移向了何方呢？其實，大部分人已經不在「中間」，而是在「中下」了。

這是一個你也許不喜歡，卻必須去看的真相。而如果你正緩緩地被推移向社會的中下階層，你是要厭世？還是要變成乾脆放棄努力的「佛系」？

「M型化」更需要注視的危機是「知識上的貧富差距」

這些都不是正確的方向，因為這樣的話，更苦的日子就在未來等著你。為什麼這樣的話，日子會更苦？先談談「M型化」的現象是什麼。一般人總聚焦在經濟上的貧富差距，可是這裡面正在擴大的，還有「知識上的貧富差距」，這才是更需要注視的危機。

例如現在上網的人多，買書的人少，所以真正比較專業、工具性的，或是內容深入的書籍，出版業者乾脆就提高售價來賣。因為出版業者認為，反正大家基本上不太買書了，

那麼這些知識「含金量」比較高的書，要買的人就是要買，所以乾脆提高售價，以彌補銷售量的減少。

然而這麼一來，比較沒有錢的人，就會變成更不會想要去買這些書，且更傾向於去找免費的東西來填充他們的生活。所以你現在坐捷運的時候，除了看到大家都在刷手機之外，刷手機的人當中，玩遊戲的人更是最大宗的。

這些手遊剛開始都可以免費下載來玩，但是遊戲裡面就會有許多後續讓人必須花錢的設計，讓你開始消費。這些錢點點滴滴加起來，其實也可以買很多本好書了，但是「買好書」卻已經不知不覺消失在習慣玩手遊的你的選項裡面。

不只是買書這件事，舉凡過去比較專業一點的演講、課程、教育訓練，價位都提高了，為什麼？因為反正大部分的人都覺得上網以後，免費的東西就看不完、玩不完了，何必要再去多花錢上課？更何況物價都在漲，薪水卻沒漲，工作壓力還更大，所以有閒錢的話，就會更傾向於抒壓性的消費，而不會想要去接觸那些既要花更多錢、又需要花腦筋的東西了。於是這些主辦單位的想法就跟出版業者一樣，只好也鎖定更有消費能力的客群，把東西企劃得更「菁英」一些，再把價位提高；因為反正現在這些付費的知識，只能賣給真正有自覺、覺得自己需要，或需要去考證照的人了。

所以目前的狀況就是：真正會對提升人的生涯發展有幫助的各種知識，整體性地都正在變得更貴；覺得自己賺得少的人，就更捨不得花錢去進修。可是另一方面，聰明的生意人以提供各種最直接的抒壓或娛樂設計，還是將大眾口袋裡頭的閒錢一點一滴掏走。這等於形成一種「反淘汰」的惡性循環：真正能夠提升你的人事物，被踢出你的消費選項；而一直在遮蔽自己視野的低階訊息與（表面上免費的）娛樂，反而充斥並占據在你生活之中。這就是一個會讓自己「愈來愈窮」的「窮循環」，而當一個人開始了這個「窮循環」之後，他就更難翻身了。

這就是「知識的貧富差距」，也在跟著擴大的現象，而這對身在其中還不知不覺的人來說，才是扼殺自己未來最可怕的殺手。

虛度的人生，就是在別人設計的劇本去「設定你」的人生

所以為什麼有句話說「免錢的最貴」？很多事情表面上是「不用錢的」，可是一旦你進去那個循環以後，不但其實還是在花錢的，而且最高昂的代價還不在於金錢，而在於：它讓你的人生在不知不覺中，向下沉淪了。

而且，高靈還說，未來金錢的貧富差距以及知識的貧富差距，這兩者M型化的速度還會比以前更為加速。為什麼呢？因為金錢是比以前更快速地在全球流通的，所以現在的M型化已經不是發生在「一個國家之內的貧富差距」，而是發生在「整個地球村的貧富差距」

了。

同時，人才的流動在現在這個交通愈來愈便利、大家觀念愈來愈打開的時代，也會使得未來有更多人變成是「國際人」，不會局限在他出生的地方，而更加快速地流動。因此當一個地方在向下走的時候，比較有辦法、有金錢自由的人，他就不會只待在這個地方當有錢人；他是會跑去紐約、倫敦……跑去正在往上走的地方求學、定居、經商，繼續他的發展的。然後因為他跑去那些可以學習更多知識與視野的地方發展，他又變得比原先的有錢，更有錢了；而那個正在往下走的地方會怎樣呢？人跟錢都逃跑得比以前更快，可想而知，它就會加倍快速地萎縮。

當然這對誰都不是好事，因為貧富差距擴大到一個地步，世界就會發生許多動亂與崩潰。然而這本來也就是地球這個人類教室，循環週期的一部分，不是你一個人可以改變的。所以真正重要的事情是問自己：既然已經來到這樣的時代，我會希望自己的人生可以往什麼樣的方向走呢？如果你看到稍微長一點的文章，就總說看不下去；每天手機滑著滑著，就變成打遊戲去了。那到頭來你就會發現：你還是花了好大一筆錢，可是你的人生卻一直在虛度，一直在空轉。

為什麼說這樣的人生是在空轉？因為你都一直在讓別人設計的劇本去「設定你」的人生，而不是透過你自己有智慧，去開展出你自己想要的劇本。

現在只要一談起社會的種種狀況時，很多人就會陷入嘲諷、感嘆或無奈，然而一旦陷入這些從無力感而來的情緒，你就自然會逃到遊戲、追劇、殺時間的娛樂裡面去。所以請不要再用無奈來讓自己昏睡，因為你可以從現在開始改變。

智慧能開啟更多你前世累積的天賦

也許你現在沒有多少餘裕，但是你就是要把多餘的金錢用在持續的學習上面。那麼累積到一個程度，你就會感受到那條成長的「向上拋物線」。如果你不願意去這麼累積，一直在當那個常常在「打發時間」，卻其實是在「被消費」的人，那你就會在這個M型化裡面，成為另類的「一步一腳印」——一直被別人踩下去的人。

有一些淪落到社會底層的人，沒有錢又生了病，生了病又沒了工作，際遇變得很悲慘，好像大家都不要他了。可是過去那麼十幾二十年，他都是怎麼樣在度日子的呢？在還有一份正常工作、身體也還健康的時候，他有沒有盡可能把時間與金錢，往提升自己的方向去使用呢？其實很多人是沒有的，他們就過著日復一日的生活，不願意進修，也不願意去主動增長智慧。

反過來，有的人雖然比較沒錢，可是他看得懂那個「窮循環」的陷阱，所以他還是會努力擠出錢來，拿去進修、增加見識，讓自己不會沉溺在殺時間的娛樂消費中，持續去累積更多智慧。然後當他漸漸提升自己的能力與視野時，他就漸漸能夠勝任更高薪水的工作了。當他收入更高以後，他又會再把更多錢拿去投資在下一階段的學習上……如此慢慢地，他的人生就擺脫了「窮循環」，而形成一個「向上的循環」。

當你能夠去開啟這個「向上的循環」時，高靈的《地藏經》（註）裡面說：

「『智慧』能將你前世累積的天賦，開啟得更多。」不但你會因為現在學習到的東西而成長，甚至連你前世所薰習過的東西，都會被引發出來，讓你的能力與敏銳度，更加過人一等。也就是說，你「先天的財庫」自然就被你開啟得更多了！那你根本不用擔心錢的問題了。

新的一年即將到了，這個世界在跨年煙火燃燒完了以後，並不會有任何奇蹟發生；反之，隨著過去的因果累積而即將顯化的，會是更多的挑戰。所以在這個時代，知識與智慧是愈顯得重要的。如果你不想被這個社會趨勢拖下去，就要一直提升自己的知識與智慧，讓自己向上走。

高靈說，如果你的智慧與視野，有一直提升上去的話，你物質生活的自由度，一定也會慢慢跟著上去的。然後你就會看到自己的生涯正在一個層次、一個層次地，逐漸往上開展，而且愈到後面，開展的速度也一樣會愈來愈快。到時候你回頭看見別人都在唉聲嘆氣、過得愈來愈緊縮的生活時，你就會更加感謝與慶幸，慶幸當年的自己能夠選擇覺醒，有持之以恆地去做對未來的自己真正有益的學習，才有了今天的豐盛與自由。

所以你可以給自己的二〇一九年，最棒的新年禮物是什麼呢？請以珍愛自己的心，好好回答這個問題喔。

（註）《地藏經：五濁惡世轉遍地寶藏，勝義般若經》。章成、M. FAN著，商周出版。

☆為什麼我想要向上走，命運卻潑我一盆冷水？

——看見你人生最有價值的下一步

談到心靈成長或是所謂的「修行」，如果要避免高來高去的靈性陷阱，就要善於從「置身在現今時代的那個『我是誰』」，去展開修習，那你一定能獲得很大的益處。

最生活化的修行——讓

比如說，現在最生活化的修行可以怎麼做呢？只要開車的時候，你就凡事都「讓」。例如行人一走上斑馬線，你就讓；有人閃燈要插進你的車道，你也讓……這件事說起來好像很平凡，但堅持下去，你就會發現，這真是個會讓你「很有感」的修行，因為你真的會從中獲得好多的啟發與能量上的轉變。不過，這個「開車凡事都讓」的修行說起來簡單，要真正去執行，高靈說：一般人還會修不太下去的。

然而，透過你在開車的時候去「讓」，你會發現，實際上當你開始讓了以後，就算你是對的別人是錯的，你的心境竟然可以是比以前更好的。

現在流行把那些行事白目的人，叫做「三寶」；馬路上那種「我最大」的作風，就叫做「馬路三寶」。然而高靈說，「三寶」這個族群，其實只占整體社會的不到百分之三而已。只因為他們的動作實在太誇張了，所以就很容易讓人特別注意到、特別去記得；再加上我們的媒體也常挑這種事情去報導，所以人們的焦點常常放在他們上面，就會覺得好像整體社會的風氣都變成了這樣。

其實社會上好心的人、日行一善的人也很多；光是「日行一善」的人，就絕對超過那個百分之三。只是因為他們可能就只是一個「讓」的小動作，或一個舉手之勞，沒有什麼戲劇性，所以媒體也就不會報導。但是這些美好的舉動，是比經常占據你注意力的「三寶」，要多出很多、很多、很多的。

那麼，當你有在做這個「讓」的修行的時候，高靈說，很奇妙地，你就會開始「愈來愈常」看到那些也有在讓的人，他們的舉動與存在，你就會看得到他們在哪裡。反之，當你沒有在做這個「讓的修行」，你就會一直讓媒體的報導加強「你對三寶的討厭情緒」，然後去強化這個焦點，結果你也會愈來愈「看見」馬路上「充滿這些不守規矩的人」。

然而，這兩種「看見」，會讓你的生活品質產生多大的差別，你是否想過呢？

明明那百分之三不到的「三寶」是很少數的，可是你的注意力偏偏就會一直從那邊去吸收負能量，這也是所謂的「拿刀插自己」的一種。於是開車的時候只要一遇到一點點不順，你就容易心浮氣躁、髒話連篇等，不甘心的情緒累積到一個程度，你也會開始想插隊、想逼車、不讓人了。甚至情緒起來時，偶爾有一念還會如此想：「我是對的，你是錯的，我為什麼要讓？要撞就大家來撞！」於是有一天擦槍走火，真的就跟別人撞在一起了。

可是到後來肇事責任一定會判成兩造都有的，所以你浪費了時間、也浪費了金錢。讓事情這樣發生，對你根本只有壞處沒有好處。

因此這裡也要告訴你一件事：你現在看到在馬路上搶快、爭道的人，其實大部分也並不是真的馬路三寶，也不是真的很自私的人；他們只不過跟你一樣，也生活在「太多人跟我爭」的負面情緒裡了。所以本來也會禮讓、會客氣的他們，就紛紛放棄了這種好的行為模式，變得再也不想要禮讓，甚至也決定「要搶大家就來搶」。所以當兩個都有「要爭要搶」想法的人，在道路上相逢，誰也不肯先讓的時候，真的就使得你們都覺得，馬路上到處都是三寶了。

所以，現在開車爭搶的狀況確實比以前多，但這就是大家的負能量給彼此製造的「坎坷」。可是你的人生本來是可以不用有這些「坎坷」的，你也是可以在「心存善念，福氣綿延」的平行宇宙裡面去滋養、茁壯的。因為這個社會上有善心的、謹守份際的人，還是比那些乖張跋扈的人，要多得多。

然而如果你已經在生活中累積了很多負能量，你會在理論上聽得懂這些道理，卻沒有辦法真的「感同身受」，讓內心就此回復到安詳的能量狀態。那該怎麼辦呢？建議你從今天起去練習這個修行功課：只要開車上路，遇到狀況就是開始「有意識地去讓」。

即便是有行人擅闖紅綠燈，在你是安全的狀況下，你還是去讓；即便有人不遵守規則硬要切出來、或是插隊，只要是你是安全的，你就讓。

這樣堅持著去做，你不止可以在人身安全上趨吉避凶，還會開始看得見那些也有在讓的人，以及更多在行車間別人對你的善念。而這就是會讓你自己這個小宇宙，從負能量轉變為正能量的巧妙佛法。而當你的內心變成正能量的時候，你就不會動不動就生氣，你的心情就會更安穩。那這份正能量還會影響到你生活的其他層面，讓你做其他事的時候，心裡變得比從前更有餘裕，事情就會處理得更妥善細心，那你的一生就不會出大事情。所以這樣的修行，對你的人生是有莫大幫助的。

此外，當你去修這門「開車就讓」的功課時，在那些「要讓」與「不想讓」之間，你就會看到一些以前你看不到的自己，甚至會讓你聯想起過去「身陷在某些困難」裡面的自己；你就會更知道，以後如果再碰到同樣的狀況，怎樣處理會是對自己、對別人更好的角度了。這些收穫如果你現在覺得聽起來頗為抽象，這是正常的，當你真正有去修這個行的時候，你就會知道了。

這樣的修行堅持一段時日之後，你甚至會莫名其妙地開始能夠感謝，感謝自己有車子開、感謝自己每天很平安地回到家、感謝今天誰幫了我、有誰讓了我一些……等。你就會愈來愈明白自己幸福之所在。

於是你的生活就會有比較多的「甜」——明明還是一樣的日子，你卻不會用很多無謂的方式去自苦了。

你看跑業務的人，他們很多都過得很苦。為什麼呢？就是有兩個因素相加在一起的緣故：其一，因為他們的工作性質要成天在外面跑，跟人的接觸特別的多，所以與別人發生摩擦和衝突的機率就高。其二，很多做業務的人，自己也一心想要往上爬、想去贏過別人。這兩者加乘所得到的結果，就是他們眼裡所看到的世界，很容易變成是一個大家都在競爭、搶奪，在「你踩我、我踩你」的地獄。所以他們心裡面就很容易有情緒，很容易活在「悲」裡面。可是做業務工作，在人前又經常要壓抑這些情緒，不可以表露出來，不知不覺地，他就呈現出一種滄桑和風塵僕僕的苦味了。

所以特別是對做業務的人來說，開車的時候有沒有修這個「讓」，對你人生的心境，是會差很多的。

這樣談下來，修這門功課真的是很好，但是為什麼一般人會修不來呢？因為當你一想到要這麼去修的時候，考卷就會下來了。

所謂的「考卷」，也就是有些人會說的「魔考」或是「業力引爆」。它其實是一種人在好轉時會有的「眩瞑反應」，一下子就會過去了。可是多數人只要一遇到眩瞑反應，馬上就會嚇到而打退堂鼓。

比如說，你早上才決定以後開車要開始讓，下午立刻就遇到了有人開車插你隊，而且還逼車逼得特別過分；或是前面有行人要穿越馬路，你停下來讓了，可是那個人居然漫不經心地邊走邊講電話，還走得很慢，特別不當你一回事。平常你沒有在讓，都還不會遇到這樣的人；一旦發願要讓，卻開始碰到這種真的會讓你火冒三丈的「三寶」。這就是所謂的「魔考」，或是「業力引爆」。那為什麼會有這個業力引爆呢？高靈說，因為冥冥之中會有股力量，不讓你去做這個功課。

也就是說，當你的人生想要往上走，才剛下定決心要去做某個功課的時候，你就會遇到這種「很玄」的阻礙，來讓你想要放棄。因為你會覺得，以前你不去做功課，還不會有這種打擊呢！

這也就是你會聽到有些人說，他也想要浪子回頭，可是偏偏就會「人在江湖，身不由己」——他說他有那個心，可是每次就是回不了頭。其實那就是「向上走的業力引爆」，如果你堅持通過它，通過之後你就更上一層樓了，那原先這個層次的考卷也就會消失了。

高靈說，所謂的「魔考」所能給你的打擊或阻礙，其實也就是那麼一下子，並且幅度也會是很有限的。比如說你早上開始決定開車要讓，那這種比平常經驗誇張的狀況，也就可能只是今天一天，或這幾天內，過了這段時間就不會這樣了。可是很多人因為不知道有這樣的「魔考」，一碰到這麼誇張的狀況，他就覺得很不甘心，覺得若連這樣都要讓，簡直太沒道理了；所以他就把剛剛才決定以後要「讓」的那個善念，像煙蒂那樣扔在地上，一腳把它踩熄了。

化「業力引爆」為開悟力量

人一決定要向上走（向善走）就會遇到的「業力引爆」——這股玄奇的力量，它主要的目的就是在把你的「不甘心」引發出來，讓你覺得：「我明明就是願意要做好事了，為什麼你們偏偏要這樣折騰我！」然後就可以讓你打退堂鼓，放棄這個善念。然而現在已經先告訴你會有這樣的現象了，所以一旦發生，你就能夠處之泰然，接納、等待這個現象過去，而不會退轉。至於為什麼會有這股阻撓你向上的力量呢？我們稍後再解釋。

大部分的人在人生中想要由悲轉慈（從地獄走向天堂）的時候，他就會愈遇到「向上走的業力引爆」。因為不懂得這個道理，他那個想要改變的心就會馬上被澆熄。比如說他來上課了，想用老師上課教授的方法，去讓夫妻關係更好。可是才剛這麼暗自決定，很神奇的，回家馬上就遇到很少出現的大考驗，結果兩人大吵一架，吵得反而是前所未有地厲害。然後他就覺得很心寒，完全不想努力了。

高靈說，人們有所付出的時候，都會希望馬上能夠看到回饋。可是就像夫妻之間的關係一樣，雖然此刻的你釋出了善意，可是你的另一半，他還是對之前的那個你是有情緒的。所以當你給出了這份善意，他反而會更想藉此去釋放出他之前積壓的情緒，而不是你以為的，對方會配合你來演出那個和解的美好畫面。

然而，雖然當場沒有給出你所期待的回應，可是當他釋放了情緒以後，會不會感覺到你這次是不一樣的？會不會察覺到你其實是更友善的？其實是會的。而這個更有善意的你，是不是他所期待的？當然是！所以其實一個好的開始已經誕生了，端看你接下來是否能夠繼續堅持下去。

尤其是彼此糾結比較深的夫妻，有一天當你突然想要改善關係時，也許你這次想特別為他慶個生，討他歡喜；或是針對某件懸而未決的僵局，準備了十足的誠意想去跟他懇談。可是對另外一方而言，就會有一種反彈由然而升：「你少在那裡假仙，難道說你現在這樣改變，就可以逃掉你之前對我的傷害嗎？」所以他就會情不自禁地去酸你、潑你冷水，讓你又跟他吵架、冷戰、計較。

上述這樣的舉例，就可以來解釋那個看似很玄的「業力引爆」，究竟是怎麼回事了。人向上走會遇到「業力引爆」的關鍵原因就是：

「其實你以前也不是這樣的人。」

在集體意識這個你看似無形、可是卻實際存在的「集體的心念場」中，你和千千萬萬人在心念之間所互動出來的因果累積，是生生世世、有遠有近、充滿了各式糾結與恩情的。所以現在你雖然想要成為更好的人，可是這個「集體心念場」中某些跟你比較有糾葛的部分，就會跑出一種對你的反彈，這種反彈用最接近的話來詮釋，就是說：「你這樣就要去成為好人（往上走過得更好）了嗎？那我們（還在這裡受苦）又算什麼？」

因為在這個輪迴的「大心念場」裡面，痛苦是多於快樂的，而你變好所得到的那份安詳與福分，本來其實也是被嚮往的；可是集體意識裡面「不甘心」的那個部分，就會想要證明你「不是那塊料」。為什麼？因為確實你以前也不是這樣的作為，你本來也是跟「他們」攪和在一起，在那邊「你踩我、我踩你」的。因此集體意識跟你比較有糾葛的某個部分，就會生出一個反撲過來，想給你一個打擊。那就像大海的某處，就會湧現出一個特別大的波浪想把你給打下去一樣。（這就是在「因果」的大海，彼此都一直在互動的真相。）

所以也會有學生問說：「老師，當我想要改變自己的時候，偏偏一大堆問題就會突然發生，把我打回原形。」其實這就是「向上走的業力引爆」。如果你明白這只是一個暫時的現象，堅持你的方向不退轉，撐過這一陣子以後，你就真的向上來到一個新的階段了。

這種經驗在你的人生多幾次以後，你也會覺得「不用怕，反撲也就只是這樣而已」。而當你愈堅持以心存善念的方式去生活，你的福報愈累積得愈多，那麼反過來，因果的大海裡面較高層次的部分，出現浪頭來支持你的奇蹟事件，同樣也會愈來愈明顯呢！所以為什麼也有人會說：「每當我想要做出更好的改變時，我會覺得好神奇，我所需要的機緣和貴人，馬上就出現了！」。這也是我們在其他文章裡說的「天堂模式」，其中的現象之一。

高靈說，「因果」就像一部超級大電腦，以非常非常複雜的方式在計算與運作，不是線性的語言可以描述的。所以在這裡，我們只用對大家實際有幫助、又可以意會的比喻，讓大家掌握這樣的基本概念就足夠了。

所以當你想要把自己人生的負能量模式轉為正能量模式，例如你想要去修「開車就去禮讓」這門功課，那麼就要告訴自己，無論如何我就是要讓（當然是在安全優先之下）。那麼通過了「魔考」（也有的人並不會經歷）之後，慢慢地你就會開始看見，其實平常也有很多人在讓你，而且還不只是在開車的時候，那你的內心和你的生活就會開始有了「甜度」。同時，當你都是選擇「讓」，你也避開了許多事故與損失，讓所謂的「無常」在你生命中的發生機率降低，因此這可以說是非常值得做的修行。

而人在決定向善時所遇到的「業力引爆」，不僅是不足為懼，甚至於，這個現象會把我們拉回到更謙遜與真心的反省裡面，讓我們懺悔到：「自己以前確實不是這樣的人，而那個過去的自己，其實也不知道曾經麻煩到、傷害到周遭的多少人呢！」那麼這樣的反省不但會讓我們從今以後，願意努力去成為更覺醒的人，也讓我們更有空間去包容與等待身邊的某些還沒有清醒過來的人，你的內心就會從「對那些人討厭和批判的情緒」中鬆綁了。（這也是從「悲」中淬煉出「慈」）。

同樣的，當你在夫妻關係、同事關係等種種關係裡面先做出改變，卻遇到「業力引爆」時，其實也是一樣的道理。它可以讓我們更有機會去看到說：「雖然我想要改變，但是如果站在對方的角度，過去的事情是無法這麼快就過去的。」那你的心就可以平靜、就可以等待。你會持續你的改變，直到那個正向的循環發生。

而能夠堅持去付出這個向善的改變的人，反而會更深刻地感悟到：其實大家每天可以這樣健健康康相處在一起，就是很珍貴的一件事！人如果能夠「安和樂利」地在一起，那該是多美好的人生！以前自己把自己的情緒和想法看得好重、好在乎，是多麼自苦的一件事啊！

這些都是主動去付出的你，能夠贏得的深刻體悟，你就會真心地讚同那句話：「施比受有福。」

然後你再看看那些還活在你以前的模式，在那裡想不開、在情緒裡面計較的人，你就會看到，他們的人生就彷彿每天在唱蔡秋鳳的《金包銀》這首歌。你會深深地覺得，不斷對自己在強化那個命苦命賤的幻覺，其實真的是很不必要的。

可是就像過去的自己因為被情緒蒙蔽，也會去忽略種種明明可以去珍惜、可以去付出的事一樣，他們這樣的「可憐之人」的「可惡之處」是什麼？你也會真的懂得。當然，你更會了解，每次當他們想要做一點好的改變，業力引爆就會讓他們又覺得自己真的很倒楣、永遠是被潑冷水，而不是被支持，於是又回到那個舊的生活軌道裡面去的心情。那麼對於這樣的地獄模式，裡面所產生的每一種心態，你也就都能夠同理了。就這樣，你透過這個向上走（感謝＋反省＝奉獻）的歷程，一直去了解人心複雜交錯的黑與白，一直在轉悲為慈，那最後你就會從地球功課整個畢業。

高靈說，其實我們所有的靈魂，本來就是從很底層的層次，慢慢、慢慢地往上提升的。所以盼望你今天聽了這些訊息以後，可以鼓起勇氣告訴自己：「好，我知道了，那麼對的方向，我會繼續前進，不要害怕；即使有反撲，那都只是短暫的，也是很正常的。因為以前的我，確實就是在那個層次去跟別人的因果交織，所以這些拉扯與反彈是可以預期的。只要我繼續往上走，這些都是會度過的。」

那麼你就還可以告訴自己：「在度過業力引爆的這段經歷中，我順便可以觀察我心裡面的微妙變化，我是不是有感覺到懺悔？以及看見了以前所看不見的感謝與珍惜？從這些反彈或拉扯裡面，我不就可以對照到，其實一路上曾經幫助我、對我好的人事物，在生命中並非理所當然的！那麼，這些人事物是多麼值得珍惜與感謝呢！」如果正在經歷某種業力引爆的你，看了這些話，確實有了一點點上述的感受，你可以趕快來上課，來跟老師討論這些。你會發現，從跟老師的討論裡，你會得到更進一步、非常有用的生命禮物，甚至會讓你自己看見，突破你人生瓶頸最有價值的下一步。

人生往上走的曲線，我們曾說過它是一條「向上拋物線」(註)，剛開始的時候，看起來進度是很緩慢的，走了半天好像還是水平的。可是想想看，例如今年你是三、四十歲，那就算不管前世，你今生也已經累積了三、四十年的業力了，怎麼可能馬上做點什麼改變，就能夠看到你想要的局面呢？可是當你向上的方向不變，而這些「業力引爆」的點，你都逐一通過了，那麼慢慢地你就會發現，你的人生已經從運勢中的「凶」，變成了「平」、「溫」；然後再走一段時間，就會變成「順」、「暢」的感覺了。這時你的人生已經不只是「止跌」，而是在「回升」，往「大吉」（拋物線的向上轉彎處）的方向前進了。

同樣地，一般人的生涯發展如果是往下走，其實也是很慢很慢的緩下降，不會一下子就掉下去的，所以有很多人他自己也看不出來，自己正在走下坡。可是有一個指標是很容易看出來的，就是：你的情緒是不是愈來愈多？如果你的情緒隨著日子的流逝而愈來愈多，那你的人生發展就是正在走下坡。如果你有這樣的趨勢，你就要知道，在你的內心裡面，其實是累積了太多的「悲」，沒有把它們轉化為「慈」，所以日子才會愈過愈有情緒。那這一定是因為有很多事情你沒有了解清楚，找不到角度去創造雙贏，所以你的無力感才會一直疊加上去。那麼奉勸你，就該趕快趁你現在還有一些福報的時候，好好地去為你的人生尋找「止跌回升」的智慧出口才是。

而「止跌回升」的成長之路真的很慢嗎？其實它也不慢。為什麼？因為當你每遇到一次「考卷」，你都堅持在裡面反求諸己，或是跟隨好的老師為你指點迷津，你會看見你的「清楚」反而會在通過考卷之後逐步清晰。這時候雖然外在的境遇還沒有很顯著的改變，可是這些「清楚」已經會讓你的內心愈來愈有力量，會開始相信自己的人生「也是可以的」！

那麼光是這一種「原來我也可以」的感受的萌芽，就會讓你覺得：自己就在那一刻，其實已經重生了。

（註）本處可以延伸閱讀《都可以，就是大覺醒》一書 P.76〈智慧愈高的人，時間愈多〉。

☆告別「疑難雜症不斷的人生」

當你環顧四周，你可知，同樣這個世界、同樣這個社會，天堂和地獄也正並存著！但天堂可以看得到地獄，地獄卻不知道有天堂。

你不是「也只能是這樣子了」

如果你覺得自己沒有辦法、也只能是這樣子、一直以來都如何如何，所以好像也沒有辦法有什麼改變……這就是之前我們文章所說的「人在江湖，身不由己」。那麼這份「也只能是這個樣子」的心境，其實是說明了，你過得並不好。

可是弔詭的是，過得不好的人，甚至並不知道自己過得不好；因為在他的投射裡面，他也常常看到這個世界不好的地方，他只會覺得：「除非中樂透，不然生活不就是這樣子嗎？」

其實，同一個世界、同一個社會、同一個起跑點裡面，也有人過得很充實、很有未來、勤奮並快樂著。而正因為他有在知其不足、有在奮發向上，所以他就會看得到那些同樣在奮發、同樣在向上的人事物是在哪裡，因此他會更知道他的機會、他的槓桿在何處，他就會去「近朱者赤」了。這就是與你在同一個時代，卻活在天堂，讓自己愈過愈好的人。

愈過愈好的人也會更清晰地看到，那些放任自己「愈過愈不好」的人，是如何地生活在抱怨、不安、拖延卻又羨慕嫉妒別人的循環中，把自己本來有的機會與福氣，都令人遺憾地被他們自己的負能量所耗散掉。所以說「天堂可以看得到地獄」。

可是過得不好的人放眼看出去，卻會認為「大家都因為這樣或那樣的大環境的因素，而必須這樣過生活」，他們會一直去加強這個觀點（吸引力法則），把相關的證據一直吸引進來（證明生活在這個世界是辛苦的），然後就存著「也只能是這樣子」的心態在過日子。於是他的作為裡面就只有適應（其實是在慢慢地下沉），或者是在舒適圈裡面的小確幸待著，而沒有了創造。這種「適應了慢慢下沉」的狀態（溫水煮青蛙），就是「知覺著地獄而無法感知到天堂」。而不幸地，在現在的社會形勢中，這樣的人變得更多了。

如果說，你真的可以過得更好，你要嗎？你會去做嗎？其實很多人的內心都知道，自己哪些事該去做而一直在拖延、在逃避；也知道日復一日，自己是如何在殺時間中過生活的。這就是「可憐之人，必有可惡之處」。所以你要知道自己的可惡之處在哪裡，你願意去面對、通過，那你就會把原來人生中遇到的絆腳石變成墊腳石，而很開心地感受到，自己的智慧與能力又更上了一階，今後是更自由了！你就會發現，你的內心冒出了一種很深層的喜悅，明顯不是以往你給自己享受的那些「小確幸」可以比擬的。

這是因為你是真的「做了正事」——在做你的靈魂投生來地球本來要做的功課。所以那個喜悅的層次會更深、更有活力。

其實，人生無論處在怎樣的困境，都是有出口的，然而最難做的並不是找到這個出口，而是「你想要跟以前一樣，還是想要變得更好？」的這個抉擇。口頭上大家都會說「我當然想要變得更好」，可是實際上每當他要做選擇的時候，他是一直在選擇「跟以前一樣」的。例如某些事情明明人家已經告訴你過來人的經驗，你可以去從哪裡開始，你自己也認同的；可是你每次只要有空閒，就一股惰性起來，又把時間拿去滑手機、追劇，最後又弄到沒時間、該睡覺了，因為明天還要上班……你就這麼日復一日地重複下去。

有一些人來找老師諮詢，老師看到他們習性其實就是這樣，不僅自己提不起勁去做該做的事，最後他們還會替全世界的人下一個結論說：「人要改變真的很難。」可是在高靈給了他們很有創意、他也覺得非常可行的方向之後，他們這次真的去執行了，然後在看到自己的改變了以後，他們的心得卻全然不同：「原來改變沒有那麼難，我按照老師給的訊息，用新的作法去執行，才堅持一下下，我已經看到不同了！」所以老師從事這份工作愈久，愈感覺到這種「天堂與地獄同時存在」的現象，有多麼地真實，也多麼地發人深省。

難以改變的人、遇到阻力的人，怎麼辦？

有些人還會說，我也想要去做這些對自己有長遠幫助的事情，可是每次一想要這麼做，就會有一堆事情跑出來，讓我沒有辦法進行。那這種現象，就是上一篇所講的「向上走的業力引爆」。可是就像你選了一個民意代表，然後他卻跟你說：我沒辦法去做對你們有長遠幫助的事情，因為光是跑紅白帖、一堆雞毛蒜皮的選民服務，我就做不完了。那像這樣的民意代表，你覺得他能帶給你更好的未來嗎？

所以同樣的，如果你是會一直覺得，你有重重阻力，使得你沒有辦法去做你該做的事的人，你一定要突破這樣的困境，否則你的未來只能等著任人宰割，是不會有希望的。高靈說有一個非常有效的方法，現在要教給你：

請配合著那些你覺得的「阻力」，一直去看上一篇〈為什麼我想要向上走，命運卻潑我一盆冷水？〉後半段的部分：〈化「業力引爆」為開悟力量〉這段能量迴路文。

也就是說，只要你碰到阻力，無論是從外界來的或是從內心來的，你就去把這篇文章的後半段重新讀一次。例如今天如果你想改變，卻碰到因果業力的拉扯，今天睡前你就看一次；如果這個月碰到三十次阻力，你就看三十次。每次碰到，你就不厭其煩再看一次。

不管你已經看了十遍、百遍、千遍……只要有讓你無法改變的阻力發生，你都再去看它一遍。高靈說，這篇文字就像一部佛經一樣，只要遇到阻力你就去看，看到後來你會開悟的。

如果你不想花錢來上課、諮詢，那你就這麼死心塌地去執行，你就真的會透過這個「配合當下困境，再次閱讀」的過程，去看到讓你自己一直在輪迴的東西究竟是什麼？而當你重複這個方法，來到一個時機點的時候，你將有一刻會完整地清楚到：「我不再想要我所抓住的這些東西了！」那麼恭喜你，你已經對你的人生，有一個「開悟」了（註）。

「我不再想要那些我所抓住的東西了！」這裡面是有一種能量、一種定性的，當你有這個小開悟的時候，你可以趕快來找老師，那麼老師就可以幫助你更事半功倍地跳躍上去。

如果你尚未去執行，只是用頭腦在讀這個高靈給你的方法，那你是永遠不會了解上面那段話的。可是如果你願意一百遍、一千遍也去做，傻傻地去執行，那麼這段文章一定能夠幫助你開悟。

以上就是對於那些，覺得自己的人生有很多疑難雜症，又知道自己是比較頑固、難以改變的人，所提供的一帖良方。但如果你覺得自己是比較有福氣，有餘裕來直接跟老師請益、學習，當然你可以直接來找老師；上課也好、諮詢也好，你可以更輕鬆地去扭轉你生命的瓶頸。

為什麼人生會充滿疑難雜症？

接下來我們就要來解答「為什麼有的人的人生會充滿疑難雜症，好像一直都過得很辛苦，沒有辦法解脫？」這樣的問題。

其實根本的原因就是：他們的想法都是糊成一堆，從來不看清楚「自己真正的想要和不想要」，所以愈做問題愈多。

會把人生搞出很多疑難雜症、一波未平一波又起的人，在他頭腦的計算裡面，都有自己很片面、局部的「想要」和「不想要」，有自己很片面的「好」與「不好」。可是按照這些局部與片面的計算，去做出來的各種選擇所組成的生活，其實是「東拼西湊」，很多東西根本不相容，所以才會接二連三問題不斷。

就像你明明外行，卻羨慕別人功能酷炫的電腦，你也想要，於是在很多東西都不真的懂得如何使用的狀況下，也組裝了像這樣的一台電腦。結果雖然外殼看起來好像也有那麼一回事，可是實際上跑起來，卻會到處卡、到處中毒、當機，很不好用。然後為了處理這些問題，又很頭痛醫頭地去局部更改電腦內部的各種設定，再下載一堆來源不明（又其實充滿陷阱）的軟體，結果搞來搞去依然是一台爛電腦。爛到後來也不知道怎麼修，卻又不甘心花重本打掉重練，就繼續土法煉鋼湊合著用下去。

有些人就是像這樣在「組裝」他的人生的。人家幾歲買房，他覺得他也要有，他也就跟著去買；人家去考什麼資格學位，他覺得有危機感，他也跑去唸；人家流行養貓，他也要養；人家出國打工度假，他也要去。總之，他看到人家的「幸福」裝載了什麼，他就也要裝載。可是實際上，他去抓來的每一個擁有，後續都給他製造出更多他沒有想到的問題，然後他又沒有能力處理，就開始一直挖東牆補西牆、卻又一直卡……表面上看起來也許風光，實際上卻大小問題不斷，自己一直在蠟燭幾頭燒，這就變成了總是一波未平、一波又起的「充滿疑難雜症的人生」。

高靈說，所以為什麼當你想要真正地去把這台「人生的電腦」變好的時候，就會遇到業力引爆呢？其中的原因之一，也就是因為：這個拼拼湊湊的人生，當你想去整頓它的時候，很容易產生牽一髮而動全身的衝突，讓你掉入既得利益的矛盾裡面，不知道該如何擺平，也覺得很難取捨。其實這是因為，你很容易就掉進「頭腦的計算」裡面，用頭腦給你的「損失感」去看你的心明明已經反省出來了的方向。而這些「損失感」便會讓你很快退縮，讓你不想去做該做的付出與取捨，於是又走回到那條「繼續湊合著用」老路。

例如有的人明明來找老師諮詢，高靈給的訊息他也有感覺了，有清楚了，可是回去以後他的「業力引爆」就開始了。「按照這個方向去做的話，又要多花錢呢！還沒賺錢就要先花錢出去嗎？都還不確定目標是不是真的能夠達成呢……」他的頭腦就開始攪動起渾水了。

又例如有的人明明看了老師的某些文章，他是非常有感覺的，覺得有把他多年來的問題整理出來，對他很有幫助。在這些感動裡，他的心就會想要趕快來上課，想要趁自己已經有點領悟，把自己的問題整理得更清楚。可是頭腦又開始轉了：「上課要花錢、也要特別撥出時間呢，現在生活就已經夠忙的了，再多一筆開支，手頭也會比較緊，然後也不知道是不是真的值得……」

就像這樣，他的心其實並不是沒有某些「清楚的時刻」的，只是每次在他的心中明明已經變得比較清楚地知道了什麼的時候，他的頭腦就會立刻跑出來，把心中要去的那個方向，全部變成「一動就會有損失」的不安。接著在頭腦的計算中，他就開始想用自認為的「東拼西湊法」，去告訴自己說：「沒關係，那我就用這樣、那樣的替代方案來做（或是等到哪個時候再來做），這樣應該也是可以的吧？」

這就是為什麼他們所組裝出來的那台「人生的個人電腦」，年復一年的，還是充滿著各種老問題。然後隨著時光流逝，心靈書也讀了更多、心靈文章也看了更多了，人生卻還是一樣在原地打轉。有一天，他們就會負氣地宣布，這些「所謂的心靈文章」，其實看再多也沒有用。

那麼，可以突破人生瓶頸、一階一階往上走的人，他們的思考模式有什麼不同呢？其實很簡單，就是當他們的「心」看見方向的時候，他們都願意先付出，去投入那個未知。

以剛剛的例子來說，他就會這麼思惟：「有人可以把我的狀況分析得那麼清楚，那麼我就願意相信，他很有可能可以幫助我，所以起碼我要去試試看，讓老師來幫助我看看。老師如果給了我什麼建議，我就真的認真去執行，看看是不是能夠改變我的人生。」

如果一個人有這樣的思惟模式，那麼很恭喜你，你一來學，你就會很快看到自己的進步，那你就會由衷地感謝自己，感謝你終於跟著你的「心」去走的那個決定。

業力引爆後，運轉「清理的迴路」

最後做個總結：

人要改變，就是會面對過去因果的拉扯——無論是自己的內心或是外在的實境——這些「業力引爆」是真的會發生的。如果在這些時候你躊躇了、頭腦充滿了不安、又開始想要回去那個「東拼西湊」的過日子方式時，高靈說，文章的後半段，你就可以一直反覆的去閱讀它；只要你覺得自己面對阻力，又想要走回老路，你就把那段文字當作是一個「清理的迴路」，一直去運轉它。

那你就會發現，每次當你走一遍這個「清理的迴路」以後，你的狀態就會變得比之前好了。而一遍一遍地透過這個迴路來整理自己，你便會愈來愈清楚地看到你內在的「要」或「不要」——也就是你內在的決定會愈來愈清楚。這樣其實你已經開啟了很強而有力的「反省」能量，在幫助你這台電腦掃毒了。你會發現，經過這個掃毒的迴路所清楚出來的「想要」和「不想要」，跟以前從頭腦層次出來的，非常地不一樣，它是「更開悟的」、更踏實的、有力量的。

而這個真正踏實的、從心裡面而來的「想要」與「不想要」，才會讓你真的有力量去面對你的生活、你的未來，去堅持對的抉擇。

那麼再叮嚀一次，當你已經有這個感覺的時候，你就可以來找老師，你一定是可以事半功倍地跳躍上去，告別那個疑難雜症不斷的人生。

（註）可參閱《人生最有價值的事，是發現自己在重複》一書，章成著，商周出版。

3

轉動富貴的太極

☆傳統節日為何愈來愈淡？看到這個答案，你會更富有

端午節馬上到了，可是對很多人而言，「端午節」最重要的意義是「放假」，其他的呢？龍舟、粽子、屈原？聳聳肩，好像很遙遠。

我在課堂上請學員們腦力激盪一下，想想為什麼端午節的氣氛愈來愈淡了呢？大家七嘴八舌，找出了不少因素：

- 因為家裡沒有長輩包粽子了，氣氛就少很多。
- 因為交通方便，常常坐高鐵返鄉，所以好像也用不著非在這天團圓了。
- 因為傳統文化式微了，傳統節日自然沒落。
- 因為端午節的習俗不是送禮，粽子單價也低，沒有太多商業炒作點，媒體就沒興趣了。

以上都正確，不過還有一個原因沒有被提出來，這個答案如果你知道了，你就有能力變得更富有。答案是：

因為我們正進入一個分眾化的時代，而這樣的趨勢將會愈來愈明顯。

想想以前，端午節的氣氛是怎麼來的？其實，「全民一起過節」的氣氛，是靠主流媒體去維繫的。在過去只有三台（華視、中視、台視）的時代，看電視是絕大部分人主要的消遣，所以每到端午節、元宵節、中秋節，三台分別製作各種特別節目，不管是在愛河、淡水河的龍舟決賽現場轉播，或是各大廟宇前的猜燈謎歌舞晚會，還是演你千遍也不厭倦的白蛇傳、嫦娥奔月……轉來轉去，每一台都是鑼鼓喧天、載歌載舞，有關傳統節日的各種符碼也就如此不斷翻攪人心，形成整體社會的過節氛圍。

可是當有線電視出現，三台成為一百台分之三的時候，以前所謂「三台聯播」所形成的傳播威力也就完全失效了；直到現在，網路走入手機系統，人們上網的時間甚至超越了看電視的時間，這使得電視媒體的影響力更加一年不如一年。而網路與有線電視的共有特性則是：使用者會逐漸形成一個依自己興趣喜好組成的收看範圍，再也不是被動坐在那裡等你餵他什麼節目內容了。

例如現在大家的臉書，蒐集的都是自己有興趣的東西，臉書的運算系統，也會不斷記錄並計算你的偏好，然後自動替你過濾掉你沒有興趣的資訊，把你有興趣的相關內容更多的推送給你。這使得我們的視聽內容，就像運用了「吸引力法則」一樣，是由我們個人的喜好吸引過來的，因此我們愈來愈容易跟同樣興趣領域的人事物在網路上聯繫在一起，而忽略我們不關心的。

這就是「分眾化」的趨勢。如果你是喜歡心靈成長的人，你的臉書逐漸就加了一堆相關的粉絲頁和相關的朋友（雖然很多都沒見過面）。無論你是喜歡美食的、旅遊的、園藝或手作的，關心親子教育、鯨豚保育、氣候暖化的……總之，只要你注意什麼，你會發現推送給你的相關資訊就愈來愈多，看都看不完，還有很多相關活動，讓你隨時心動也可以去消費或參與。這些愈來愈占滿你的視野，這個「分眾」就變成是你的「主流」了。

甚至這個「分眾化」還正在愈分愈細，例如即使你的興趣專門到只是鍾情於某個產地的紅酒、某個地下樂團的音樂，甚至某個導演的電影，你都可以找到人和你交流、互相提供資訊以及掌握最新消息。像我一直很喜歡八〇年代香港一位歌手關正傑的歌聲，大概大部分台灣人對這位歌手都很陌生吧？可是我可以很輕易地找到他的鐵粉所做的臉書粉絲頁，在上面飽覽許多由各方人馬提供的珍貴影音，而感到快慰不已。

當「主流」走入網路時代時，你可以把它想像成一條河流，由於它的支流逐漸增多且茁壯，它於是變得愈來愈消瘦。那麼未來會怎樣呢？我可以先預言一下：終有一天，所謂的「主流」會消失，而只剩下「一個網狀的交錯」。

這就是「多元化」和「多樣性」的意思。到那個時候，共通的節日會變得更加式微，可是每個分眾都有每個分眾「自己的年度盛事」。比方說喜歡游泳的，橫渡日月潭可能就是他一年一度最期待的盛會；喜歡爵士樂的，可能某個樂團來到台灣就是他一年一度最激動的大節日；喜歡喝啤酒的、抽雪茄的、練習瑜伽的、靈修的、關懷特定社會議題的……他們都會有屬於自己最重要的活動和慶典。

其實這個現象目前已經在發生了。例如演唱會的「秒殺」狀況並不止於「江蕙」、「蔡依林」或「阿妹」這些流行歌手，有些主流媒體完全不報的外國樂團，事實上來了台灣又走了，大部分人也渾然不知，可是他們在台灣的場次卻也是「秒殺」賣光的！其實，他們在全世界都有粉絲，光是把他們的音樂放上網路，他們就能這樣生存著了，這在以前沒有網路只有主流媒體的時代，是絕對不可能的。

所以如果「傳統節日」——那種全民一起過節的美好，形容為一朵美麗的大花的話，現在這朵大花已經逐漸在凋落了。但你不必哀嘆，這只是物換星移的結果，你要看到，正因為如此，另一些以前無法發生的美麗小花朵才得以綻放，精采過日子的更多選項正在誕生，那就是：每個人愈來愈會按照自己的喜好，去創造自己的節日、創造自己節日的意義，並且自己去守護它、耕耘它、參與它；這種不是讓別人「餵」給你，而是由你自己去「靠近」、去「參與」、去「付出」的節日，說不定會給你帶來更富饒的生命意義。

最近有很多人問我台灣的前途、房地產的未來，以及要不要獨立出去創業等等問題，因為台灣的經濟發展，瓶頸明顯現形，讓個人前景也似乎變得模糊難以看清。那麼在這狀況底下，如果社會未來的趨勢又是分眾化，你的工作或生涯規劃，該如何因應呢？誰會在這個趨勢中下去，誰又會崛起？其實高靈早就談過接下來二十年的社會趨勢，而且還談了足足一本書（笑）！該怎樣做會成功？那就請大家去看《理念崛起》這本書吧（註）。

二〇一四年五月份《都可以，就是大覺醒》出版，這本書真是超過我們預期，獲得很大迴響。但是無論你把「平行宇宙」了解得有多透徹，把時間、空間概念破除的有多徹底，回到現實生活，你要怎樣應用這新的意識寬闊度去「重新創造人生」呢？這真的是不能好高騖遠的，我自己也叮嚀自己一定要腳踏實地實行著。高靈說，「理念崛起」就是實際的作法、因應分眾化時代的思惟方式。誠願每個人的靈修之路，對別人、對社會而言也是全方位豐盛的示範，祝福你佳節愉快！

（註）《理念崛起》，商周出版。

☆「富貴險中求」的真意

有句話說「富貴險中求」，這完全正確，人的富貴——請你牢記在心——百分之百都是伴隨著對等的風險。有人說：那含著金湯匙出生的呢？你不知道的是，他們的人生功課從一出生就比別人複雜許多，要面對更多陷阱，例如他們從小就要一直防小人，心事還常常不能對別人說。

有些人的命底，就是會大起大落，如果從命盤來看你是有大起大落之象的人，這表示你也是很有能力的人，因為基本上必須是有能力之人，才有辦法大起大落，王雪紅就是其中之一。當然你可以說大起大落是因為「勢」，但也是在於你的「判斷」。不過無論是誰，當他們在你所羨慕的富貴中存活時，其實他們都是在上下擺盪著的，並沒有一般人想像得安穩。

為什麼要特別強調「富貴險中求」的真相呢？有的人以為，只要是內心有愛、透過療癒自己、透過去做自己真心喜歡的事，生命就會自然走向一種不費力的富貴和豐盛；或是有一些想從事心靈工作的人，嚮往著透過高我的帶領，自然而然走向富裕與自我實現雙全的人生。但這只對了一半，另一半是：如果你沒有修「智慧」，你是擔不起你要的「富裕」的。你以為王菲美美的在台上唱個歌，賺錢很輕鬆嗎？你知道在私底下他們要面對的政治帷幄，有多麼不容易嗎？只懂得做音樂，其他的不懂，絕對是撐不住的。

你看觀世音菩薩，有那麼多人要來跟祂求事情；一樣米養百樣人，要在那麼多光怪陸離的要求裡面去度化人們，如果沒有智慧，只會「放下」、「臨在」，祂 hold 的住嗎？你也是因為觀世音菩薩的廟大、名氣大才去求的，所以祂也要想辦法把廟變大，不然你會甩祂嗎？所以祂為了慈悲度眾，自己也要努力去學習，要很有智慧看懂一切人情世故，才有能力撐起這一切。

有人說：那我不要富貴，也不度別人，我修行是只為了放下，我跑到山裡去修行度日好了。可是不好意思，現在山上的地也都是別人的、路邊的果樹也都是別人的，不能任你住、任你吃，你要生存下來，還是要有能力。比如也許你本來花五千塊一個月租一塊地來清修，可是不久以後附近都在炒地皮，地主就跟你說要上漲成一萬塊一個月，這時候你怎麼應付呢？

所以，有人又羨慕古人了：古人好好，山上都是免費的地、免費的果子。可是古人到山上清修，要面對的是老虎、是熊，更可怕，你要是不懂怎麼應付，就被吃掉了，連命都沒有。

所以連你想要「放下」，你都得要有能力才能「放、得、下」。如果沒有智慧，不能hold住該hold住的事……你知道嗎？以前新聞報導過，有個人要出家時，他的一大家子坐著卡車揮著菜刀，衝進廟裡去要人呢！

所以不管你是要往上爬，或者平淡度日也好，在這個地球上，沒有修習智慧，都是做不到的。但特別是富貴中的安穩，絕對不會是容易的事，無論什麼人，當你說你想去施展抱負、立業立功，那你就更要努力修習智慧了。所以「富貴險中求」的本意，並不是叫人為了追求富貴去鋌而走險，而是說：身在富貴中的人都深深地體驗到，當你置身在其中，你必須有能力乘風破浪。

☆來世要含金湯匙，不要含到電湯匙

有句話說：「牛牽到北京還是牛。」意思是說，一個人的脾氣不管到了哪裡，即便是遷移到了很遠的地方，他還是難以改變。高靈說，沒有錯，人基本的調性和個性是很難產生改變的，除非你有開啟「學習模式」。

愈自由、愈開闊的人，人生才能夠愈豐盛

如果一個人被人家說：「啊！他這個人是：牛牽到北京還是牛。」那這個人就是沒有在學習。這裡所謂的「學習」不是指你去學英文、電腦……這些，是指在生活中有在增進自己看事情的角度，而愈來愈寬廣。

現在有很多宗教已經是食古不化，那也是「牛牽到北京還是牛」，像這種宗教，你就萬萬不能去跟著它的觀念走，因為它本身都已經失去學習能力了，你去跟隨它，只會讓你愈來愈「固著」，你就會更不自由、更不開闊。

愈自由、愈開闊的人，他的人生才能夠愈豐盛。以台灣的例子來講，二、三十年前除

了大老闆之外，其實一般人的資產相差不會太大，可是為什麼現在的差距會這麼大呢？就是那些當初一直有在跟著潮流update、一直有在學習中打破既定觀念的人，他們知道怎麼呼應未來人群、社會的需要去進行投資，那他就上去了。有一些人也想跟著人家去賺大錢，可是他的角度和觀念沒有與時俱進，他就被刷下來。

當然，「有錢」絕不等同於「有豐盛」，只是用賺錢上的發展來比喻，大家比較聽得懂。不過就算是純粹以賺錢的角度來說，真正有賺上去的人，你去看，他們也都一直有在學習與更新自己的觀念的。

現在有很多已經變成「酸民」的人，抱持著仇富心態說，我們社會的失衡都是以前這些有賺上去的人造成的。其實，「M型化」並不是「這些人」造成的，而是只要是在這種資本主義模式裡面發展經濟，就一直會是這種「通膨模式」在演化，那麼M型化只是時間遲早的問題。

比較聰明有在學習的人，他們就懂得在這個演化裡面一直去尋找浪頭、一直去抓浪頭，然後當他們看到了，他就跳進去衝浪。而那些待在岸上沒有下去的人，就永遠在岸上看人家衝浪，等人家抓到浪頭衝上去了，人家的人生精采豐富了，有的人看到他們「吃香喝辣」，就覺得心裡很不是滋味。可是那是因為什麼呢？因為他自己沒有在學習，也不肯跨出舒適圈，他一直在他的觀念裡面生活，也總在他的觀念裡面去批評人家，間接證明自己這樣是好的、是對的，結果自己的人生就隨著這個M型化，被大趨勢推著往下沉。

學習才會讓你的思考跟著這個時代「與時並進」

其實只要有在學習，你的人生也可以是很精采豐富的。當然，一個人如果只是為了錢在「學習」，沒有心存善念，那麼他光鮮亮麗的背後，也自然會有折磨他、讓他過得像在「金錢的地獄」裡面「上刀山下油鍋」的因果，但這不是今天的主題，我們不去多談。今天的重點是：學習才會讓你的思考，跟著這個時代「與時並進」。

假如你想要賺到大錢，也要經過學習，你才會知道「財神爺」在哪裡？才會知道真正值得你去追、去捧的是什麼標的？如果平常經常在發呆或殺時間，就靠著過年買個樂透給自己做做白日夢，那麼你就永遠會在底層，成為被人家踩下去的那塊墊腳石。尤其在現在這個社會趨勢裡面，學不學習所造成的差異，將會非常之大（註1）。

古時候有句話「書中自有黃金屋」，用現在的話，這個「書」就是指「學習」。什麼觀念已經不符合時宜？什麼東西已經不是現在的人要的？如果你一直有在看、有在學，就會主動去調整自己過去所認為的觀念，以及現在做事的方式，去因應潮流的需求，那麼你就不會固著在「一定要怎樣、怎樣才對」的觀念裡面，成為那隻「牽到北京還是牛」的牛。

而「牛」裡面其實還有著「牛脾氣」的，也就是「牛」都會有情緒，所以「牛牽到北京還是牛」這句話也是在說，這頭牛不管到了哪裡，牠也會一直被同樣的衝突困擾著、煩惱著、觸怒著。可是有在學習的人就會愈來愈沒有這些情緒了，因為他對事情會愈來愈看得懂，所以他也就更知道，怎麼樣的行為舉止可以吃得開，他就會活得愈來愈好，自然也就會愈來愈沒有情緒。

所以開啟學習模式，對你的外在發展或內心世界，是不是都非常有益呢？那麼接下來就來說明，怎麼樣去開啟學習模式。

把生活形態轉變成是一種「不間斷的學習模式」

首先要改變一個觀念就是：「學習」絕對不是我要開咖啡店我才去上咖啡課、我要投資我才去上理財課。絕大部分創業失敗的人，都是這麼看待「學習」的，他們也覺得自己有在學習，但是為什麼投資失敗了呢？有些人甚至還淪為被騙、被坑殺的對象。因為，從事任何行業要做得起來，不被競爭者或景氣打垮，還能夠持續往上走，都需要你把平日的生活形態，就轉變成是一種「不間斷的學習模式」，全方位地在學習。這點就是很多成功的老闆，都已經習慣在做的事（註2）！

也就是說，無論在衣食住行各方面，你樣樣都有去打開你的「覺」，去在裡面做更多的觀察、品味和思考。因為一家咖啡店會成功，絕對不只是靠那杯咖啡，開店的人在其他部分的品味，視覺、觸覺、聽覺、嗅覺、人性心理等等，你的各種閱歷，都需要有一定的程度，才有能力正確地知道別人要什麼，以及自己又要如何付出才會做得到位？並且還可以從一些蛛絲馬跡，去預見下一波的趨勢。這些閱歷都是在平常生活裡面去累積出來的。

所以所謂的「開啟學習模式」是指，對生活中的任何事，都習慣去打開更多的內心空間，以及看事情的角度，讓別人的反應能成為擴充自己視野的「道路凸面鏡」，這樣的學習是沒有分上班或下班、上課或下課的。而這其實就是佛法所說的，打開你的「佛性」（覺性）的修行。

例如說，現在為什麼這個會紅？那個為什麼又會掉下去？為什麼人家做這個會賺錢？為什麼那個模式很多人在做？即使那些跟你原先的想法或喜好抵觸，你也都能夠把自己的好惡先擺在一邊，很客觀地去看。這個「能夠放下好惡去看」就是你有在修為了！那慢慢地，你就會對於許多事情，看得更深、更透徹。而這個更深和更透徹，就會讓你開始有舉一反三的能力，你就會知道怎麼樣用在你現在所從事的事情上面。

把平常的生活變成是一種持續的學習，會很累嗎？其實不會的。例如你可以就你有興趣的領域，從它去延展出一整個你的生活圈，那麼在那裡面所開展出來的學習，就會是個很有樂趣、一邊享受也一邊學習的過程。而且這樣的方式也會是「事半功倍」的，為什麼呢？因為你本來就有興趣，就等於是在玩裡面學習的。

這種「有玩到也有學到」的感覺本身，已經是一種豐盛；更不用說，如果你把這份豐盛用來貢獻給社會，金錢也會自然地流向你，讓你連金錢上也變得同樣富有了。而金錢上更富有的你，又可以用這些金錢去支持自己在這份興趣上，投入更多資源，繼續去遊戲和創造，於是你的人生就形成了一個你自己良性循環出來的豐盛。

在輪迴中打造自己的「金湯匙」

有這樣在生活中開啟學習模式的人，也會提早完成地球功課，脫離輪迴的。本來人來到地球，就是在做功課，這一世的功課如果因為你的喜歡學習而提早完成了，下一世的功課還可以提前到這一世來做；那麼一直做功課下去的結果，就等於你只是用了這一生，卻把本來需要好幾世輪迴才做得完的功課，在這一世就完成了。那你這一世的CP值就非常之高，因為要重新經歷死亡再出生的做功課方式，其實是非常不輕鬆又沒有效率的（註3）。

並且，當你完成的功課愈多時，你因為愈豐盛、福報也愈大了，幫助你做下個階段功課的因緣條件就會愈好，讓你做起功課來更快、更輕鬆，進度就更容易超前。那麼就算你還沒有把功課做到可以整個脫離輪迴，就結束了這一生；可是你的下一世，就繼續做功課的因緣條件來講，你已經會是人家說的「含金湯匙出生」了。你就會在一個比別人更好的、先天條件更優渥的環境下繼續學上去。

所以在輪迴裡面，一直有在生活中學習、有去開展智慧的人，他的下一世，就會愈在起跑點上，擁有比別人更多往上學習的資源與助力，這個就是他在輪迴中打造了自己的「金湯匙」。反之，愈沒有在學習的人，他的挫折和情緒就會愈多，然後把自己的福氣消耗掉、貴人也趕跑了，那他下一世的起跑點，也會是更多的孽緣來跟他相伴相隨，讓他不斷被這些力量包圍、拉扯，那這個就會變成是「含電湯匙」出生了；也就是他的人生會變成一直要從「被人家打擊」裡面，去痛苦地學習。

所以，未來你希望自己是含金湯匙出生，還是含電湯匙出生呢？就取決於你怎麼使用自己的這一生了。

創造你想要給自己的自由

大部分的人常常不知道自己要做什麼，生活就是得過且過；所謂的「日復一日、年復一年」，就是形容生活像一杯白開水，必須喝、又很無聊。可是能夠一世解脫的人，他們對生活的感覺是很不一樣的，同樣過一天，他們卻覺得每天的生活就像營養豐富的牛奶，有好多的滋養可以吸收。他雖然還沒有到達那個最終的大開悟，也已經覺得是在天堂裡面進修了！

所以什麼是「天堂」？其實也可以這麼形容：在天堂裡面，你所看到的東西全部都是滋養。那什麼又是「地獄」？地獄就是：你所看到的東西全部都在消費你、操控你，你卻無法抵抗。以PC（個人電腦）來比喻，一般人就是按照微軟設定的介面在出入，每天這樣在生活著。如果微軟要求你升級、要求你付錢買雲端空間、要硬塞給你廣告，或是販賣你的個資，那你也只能淪為魚肉，任人刀俎。

可是「開悟」的感覺比較像什麼呢？開悟的感覺比較像是：你雖然跟別人一樣在使用這台電腦上網，可是看到這些介面的時候，你都知道它是「虛構」的，因為你可以看到後台的那些程式碼，你看得懂並且也知道怎麼去改寫，所以你不是以人家寫給你的頁面在生活的；你是透過你的改寫，寫出你自己要的頁面，透過這個頁面在出入和生活的。換句話說，你是在創造「你想要給自己的自由」，而一般人只能在人家設定的範圍裡面去使用，但其實是在更深的層面被人家持續「操控與剝削」。

這就是「開悟的人」和「一般的人」的不同之處，然而只有對學習有興趣、有一直在學習的人，才能夠達到這個開悟。這也就是為什麼釋迦牟尼佛說，眾生所認為的五濁惡世，佛的腳趾一踏進去，就變成了「黃金為地、寶樹成林」，處處都是寶藏、處處都是黃金。

《觀無量壽經》裡面也形容說，阿彌陀佛的極樂世界裡面，所有的一切存在，都在宣說佛法；連鳥叫蟲鳴都在宣說甚深奧妙的佛理，可以讓人快速地開悟證果。其實這個境界，是你還有身體的時候，就已經能夠在這「五濁惡世」中體會得到的。當你一直打開覺性，也就是持續地開啟學習模式，到後來，你的智慧就能夠達到「舉一反三、遍地開花」的豐盛境界，那麼社會新聞、大街小巷的任何現象，本來都在宣說佛法、都在教你各種智慧，去讓你有能力轉動你的人生，自由自在去地利己利他。大乘佛法講的「迴小向大」，真正能夠成佛的「大開悟」，是要這樣一路轉動得上去，才有可能達到的。

所以你若是消極厭世，就體會不到真正的佛法。如果你願意開啟學習模式，不再讓自己在日復一日中沉睡，那麼你就能真的有機會了解佛經在說什麼，你就會明白為什麼「佛法，是真富貴之法」了（註4）。那麼以後過年，你就不必再買樂透，因為你已經正在為自己的人生以及未來世，打造成真真實實的「金湯匙」了！

春節假期已過，又要開始面對工作、面對現階段的日子了，請不要去複刻「Monday Blue」的心情（如果有的話），因為你絕對可以送給自己的未來「下一個最值得遇見的自己」！而他在哪裡？就存在於你的學習裡。

（註1）延伸閱讀：〈知識上的貧富差距，是你在未來世界的成敗關鍵〉，參見P.105。

（註2）延伸閱讀：〈人生瓶頸怎突破？放下自我，去欣賞！〉，參見P.91。

（註3）為何透過重新出生的方式來學習，成本很高？請參閱《地藏經》第一卷〈人之初〉。

（註4）延伸閱讀：〈佛法，是真富貴之法〉，請參閱《地藏經》P.151。

☆沒有錢的人，你也能「錢滾錢」！

新年的第一天，我們要給自己一個最好的兆頭，那就是從「學習一個重要的智慧」開始，方向是什麼呢？別人都說今天景氣會很不好，所以我們今年的一開始，就馬上來學習怎麼樣「錢滾錢」！

「錢滾錢」的意思，不只是指，用錢去做金融投資，來賺取獲利。沒有錢去做投資的人，一樣可以「錢滾錢」。怎麼做呢？就是在你的工作上，特別願意花錢（物力與心力）去把它「做到位」，做到會讓人家驚艷，那麼大家的錢就會流向你。

像聖誕節的時候，很多商場、大樓都會特別做一些布置，有些做得很棒，有些就很寒酸。例如一家號稱台中最高級、五星級的飯店，它上個月在大門前的聖誕布置，既土氣又制式，完全沒有做到節慶夢幻的華麗感，反而顯現出了夜市感；本來這個飯店的建築，也許是花了大錢，找了很好的設計師去設計的，可是這個聖誕燈飾不做還好，做了以後在門面一打，讓期待有尊榮感的住客，一看就覺得完全沒有尊榮感了（人家也是住過全世界很多好飯店的）。

另一棟價格頂尖的台中七期豪宅也是如此，聖誕節的裝飾，就只是在幾顆樹上隨便綁一綁。這樣子做，就是在告訴別人，你裡面的經營有問題；也是在透露出，你裡面的服務可能不會真的那麼好。

也許有人覺得，只是為了沾沾節慶感而做的布置，沒有那麼嚴重吧？可是從風水上說，這叫作「破格」——就是呈現出「破敗象」。明明建築那麼大、那麼好，表示你是有所鴻圖的，可是這樣的布置，就是把鴻圖的格局給破掉，這可是古人說的「凶兆」。

生活中也有這種「凶兆」，你認為沒什麼的，可是這種行為就是在給你的人生鴻圖破格，也許你努力了半天，本來累積了很好的基礎，可是你的一個「小貪心」、「小吝嗇」、「小馬虎」，就把別人在心中對你的印象破壞掉了。像那個豪宅耗費了數十億的鉅資做得這麼華美尊貴，結果讓門面的布置給破了格——其實這個布置的錢反而是最小的——想想看這多不值得！還不如都不要布置，也比這樣好。

「小錢要花到足」，這是很重要的，不然之前花的大錢，就被這個做不到位的小錢給破格了。

反過來說，為什麼台灣人非常喜歡去日本玩（台灣人位居遊日外國觀光客人數首位），而且一去再去？無論東京、京都或大阪？因為它們提供給你的情境，都比台灣做到位。主題樂園的大遊行，可以華麗夢幻到讓你感動得想哭；古色古香的庭園，也一絲不苟地照顧到每一個細節；連大型百貨公司的聖誕布置，都可以讓遊客驚喜連連頻按快門。因為如此，大家甘願在日本灑鈔票。

如果你能像這樣，在你的工作上做到位，就算多付出額外的一些心力與金錢，也在所不惜，那麼這些付出的小錢，就是在滾你的人脈、滾你的大金。

新的一年，每當你有小小的懶惰，想要敷衍了事的時候，就稍微想想，自己過去努力了半天，究竟是為了什麼？當然這不是要你樣樣事情都吹毛求疵，那也太累了。可是有些事既然有了「虎頭」，你就不能「蛇尾」；既然是你在「畫龍」，又豈可不去「點睛」？既然雷聲大，就不要雨點小，該做到位的千萬不能省，那麼一定會成功！

所以，如果你覺得這篇短文很好的話，請你也把它分享出去，因為分享好的東西，就是在滾你的人脈，讓你在別人的心目中加分，也就是在滾你新的一年的財富了。

☆走上真正的療癒之路，連你的「財庫」都會打開

怎麼知道學習一個法門，你的內在有沒有得到療癒呢？你知道如果你的人生，有許多痛點一直被你清楚而超越，那麼連你的「財庫」也會打開嗎？「財庫」打開的人會有什麼體驗？跟成佛之道（所謂的「覺醒」）又有什麼關係？這篇文章將談論這些主題。

真正療癒的法門，都是能幫助你「清楚」的

很多人是因為在人生中受傷了，才走進宗教或靈修的領域想尋求療癒，但你如何判斷自己療癒了沒有呢？或者你如何判斷一個法門是不是真的有效？你有沒有真的學對呢？在這裡提供你一個觀察點：如果不是真的療癒，白天時你好像可以正常運作，可是晚上睡到一半你總會突然驚醒，然後就睡不著了，這個時間多半會發生在凌晨的一點到三點，就像有個揮之不去的跑馬燈在那裡讓你無法安眠。

為什麼會這樣呢？因為人睡著的時候，是跟高我連結的時候，在這個時候，人會最知道自己的真相，倘若真相是自己難以面對的話，就會在一種難過衝突的感覺裡面驚醒。反之，

如果你所學習的方法，真的使你「成長了」、「療癒了」，那麼那個跑馬燈就會愈來愈淡，也許偶爾半夜還是會冒出來某個重複的負面感覺，但同時也開始伴隨著一種了解，讓你在裡面寬釋了（寬容和釋放），那這就是你已經走在真正療癒的路上。

現下有許多所謂的心靈法門，它們的原理，其實只是「藉由信仰『別人的權力』，來讓自己感到安心」，可是這是寄託，不是處理，內在的恐懼一旦壓得更深，該處理的事情又一直逃避沒有面對，使用這樣法門的人，他半夜是會驚醒的。

其實，只要是真正能幫助你療癒的法門，都是能幫助你「清楚」的（清楚什麼？稍後再說明）；清楚了之後還要去做該做的事，例如該道歉的要去道歉、該負責的要去負責、該收斂的就要收斂、該行動的就不能再拖……等。有了「清楚」再去「做了該做的事」之後，你半夜怎麼還會驚醒？你就會睡得很香、很沉了。

靈修的人常說要「覺醒」，但對於在人間讓你跌倒的那些事情，有了清楚、了解，了解到知道怎樣再站起來，這才算是覺醒。所以真正的覺醒對於你的頭腦來說，一定會形成一個新的思考邏輯，這個思考邏輯是可以形成良性循環，除了讓心裡受傷的感覺寬釋，還能把你失敗的地方重新變為成功的。也就是說，那個原來讓你討厭（受傷）的人事物，現在你已經不需要逃避，你已經有能力面對，且在其中創造你要的自由，這就是「清楚」的定義（註）。

「清楚→感謝→反省→奉獻」的正向循環，開啟你的「財庫」

也因此，真正的覺醒一定會讓你產生由衷的感謝，因為你本來認為很受傷的經歷，竟變成了能幫助你開出智慧之花的養分，你也會看到這其中曾為你的覺醒付出的人事物，他們的珍貴；然後你便會在感謝中自然地「反省」——就是真的會去想：現在的你可以去為未來的你、身旁的家人朋友、或為這個世界做點什麼？這能量是喜悅的，而這個喜悅的能量整體，就稱之為「奉獻」。

當你不停止腳步，繼續走在這條「感謝＋反省＝奉獻」的「喜悅之道」上，當這些覺醒的「點」愈來愈多時，你的人生已經會開始有豐盛感了。那這個豐盛感跟金錢的關係如何呢？可以說「有絕大的關係」也可以說「沒有絕大的關係」，為什麼呢？因為錢變成是會跟著你走，而不是你去追錢的。

也就是說，你會開始經驗到很明顯的「心想事成」。比方說，也許你沒有很多存款，但是你走到什麼階段、想做什麼事時，你就會發現，做那件事所需要的金錢或助力就會出現。而且賺錢對你而言也會變成是很簡單的事，你會很容易看到哪裡「有」錢（也就是很容易看見市場的需求），只是看你要不要去「拿」而已（去服務那個需求）。當然如果你想要把你存摺上的零變多，也可以，但是走到這個狀態的人，對此是輕鬆淡然的。

這個由「清楚→感謝→反省→奉獻」所形成的正向循環，就是所謂「揚升的能量」，這揚升的能量將會導致上述的現象發生，也就是：

你的「財庫」真正開啟了。

「財庫」這個詞大多數的人都聽過，但是很多人都不知道有沒有這回事，或是誤解了「財庫」的意義（以為是一個人一生能用多少錢的一種天生註定的額度，其實不是的）。

「財庫」是什麼呢？「財庫」比「金錢」的概念更廣闊，它比較適合形容為一種被你開啟的「能量」；它是一種因你的存在品質（頻率），達到足以一直去「招來機緣並心想事成」的程度，所以你都不會有欠缺。

如果你的財庫已經開啟的話，無論你走到哪裡，想要有錢你就會有錢，你都會夠用。比如說，你現在覺得想要換一個更好的房子，可是預算需要更多，那這個錢就會出現，你就能去換房子。也就是你需要金錢的時候，總會有各種機緣來促成；也許是份工作，雖然也需要你的付出，但在那份工作裡，你將會是做得開心，而不是倍感辛苦的；因為由「財庫」所帶給你的機緣，會讓你事半功倍（非線性的連結），很輕鬆；可是若是由自己去汲汲營營的（線性的布局），就會事倍功半，讓你覺得很辛苦，差異就是這麼大。

所以已經開啟財庫的人，反而不會那麼在乎戶頭裡的數字，因為他們會意識到生命裡有一種比看得到的存款更大的能量，是可以不斷點石成金、創造豐足的。

「財庫」其實比「錢」更重要

台灣有好多人，他們的財富是上億的，可是他們的生活卻過得很緊繃、很不快樂，還常常覺得自己很可憐！就他們的生活品質來觀察，他們的金錢不但花起來CP值很低，帳戶裡上下波動的數字還常常擺布著他們的情緒，所以他們是很血汗地拼出了「金錢數字」（就像台灣說的拼經濟），但他們的「財庫」也還沒有真正的開啟。

華人總是把錢看得很重，從今天起請給自己一個新的觀念：「財庫」其實是比「錢」更重要的。所以在人生中，不必一直去焦慮你必須把你的存款（或資產）變成多少，而是要想，你是不是能夠讓你的財庫打開？這才是天人合一，人生真的能夠既成功又快樂的捷徑。

現在有很多大企業和投資人，他們的財富就在這一兩年當中大幅度縮水，心裡壓力很大，更需要了解這個開啟「財庫」的原理，否則未來也是岌岌可危的。因為當人在財富或權力縮水時，很容易就會進入損失感裡面；而一旦進入損失感裡面，接著就更容易掉入「恐懼的頭腦運算」中，陷進「地獄模式」難以自拔。

怎麼說呢？首先，恐懼或不甘心會使得一個人對生活更沒有感謝，於是很多本來他在清明的時候可以看到的角度，漸漸就看不到了；接著就會去做自以為在保護自己利益的事，可是事實上都剛好會是錯誤的決策（悖離人心與趨勢，還完全不知道別人是怎麼看他的）。

結果財務破口就在這個惡性循環下，愈補洞愈大，損失愈來愈多，自己也愈來愈痛苦。這不就像掉入地獄嗎？而在損失感裡，他已經不清楚的心，又會覺得都是別人的錯、都是別人害他的，這就又更加深了他去相信他的恐懼（頭腦）告訴他的邏輯，繼續往錯誤的方向鑽，錯失可以做對事情的時機點。所以一旦一個人掉進了「地獄模式」，真的是很難脫離的。上述的狀況，有的人從自己周遭某些親戚朋友曾經發生過的血淋淋的故事裡，是親眼看到過的，不是嗎？

所以在現在這個時局，如果你是財富往下掉的人，你更需要警覺，不要成天活在損失感裡面，不知不覺開啟了上一段說的地獄模式；而如果你的生活大體上還算平安順利，那麼恭喜你！你更有能力就從現在開始學習去脫離情緒的綑綁，把自己變成一個不容易掉進情緒或壓力所累積製造的陷阱的那個人。

所謂的「陷阱」，也可以說是輪迴功課裡面出給你的考試卷，你沒有做好的話，就會一直被拖下去，被迫面對更沉重的考題，那你就會一直在這個世界裡面「被玩」個八百年、一千年、五千年……就會一直這樣輪迴下去。

所以為什麼以前的宮廟神佛，會有一種說法：「你們不要再玩了！你們來地球玩，玩到都回不去了！」就是在形容這種愈滾愈迷失的狀態。

回頭是岸，花開見佛

但是也有句話叫做「回頭是岸」，意味著不管你迷失得有多遠，也有「非線性」的方法，可以讓你好像使用了任意門似地，急速脫離地獄。這方法是什麼呢？其實大乘佛法真正的精髓就在於此：你只要就從現在起，學習去「清楚→感謝→反省→奉獻」。

這是能讓人從任何惡性循環中「回頭是岸」的強大法門，如果有這麼做，無論在地獄模式中淪陷了多深、多久，你都能得到一步一步帶領你走出泥沼的指引。而且不只是「離苦」，當你的存在品質逐漸往上提升到一個程度時，還會開始「得樂」——你的財庫便會自然而然地開啟了。

這麼做，雖然剛開始的進展一定是慢的（因為你不清楚的點太多，不可能二十天就護一生），但是漸漸地也會愈走愈快，到後來甚至成為一個拋物線的成長模式上去的。這個「覺醒」的歷程，開始只是這裡一點、那裡一點，但是當這些「點」愈來愈多，多到有一些小連線出現的時候，你的「財庫」就打開了。

再接下來，當你的小連線也愈來愈多時，你對人生還會有更整體的清明，那你就會有一種能力，可以跟你的高我一起去設定你的人生，而不是被別人、被社會、被你的過去設定。換言之，你的人生是由你在決定，不是被別人所控制的了，你已經趨近於真正的自由，有能力把這地球上各種無形控制的線剪斷，你終於即將成為真正獨立而成熟的你自己了。

達到這境地時，你脫離輪迴的進程，也由「點」連成「線」了，剩下的功課就是把這個「清楚」的觸及面擴展得更廣。而當你擴展到一定程度時，有一天，就會像密宗傳說的「虹光身」那樣，會有一個很大的意識能量忽然出現，把你帶上去，於是你就脫離輪迴了。

最後，對於這條既能打開屬天的財庫，又能脫離輪迴的喜悅之道，我們可以給予一個形容：它就像一朵無比莊嚴的蓮花，綻放的過程。

你人生中的每一小片「清楚」，就像一片片從捲曲到甦醒的蓮花瓣，當你願意持續努力，一片一片地去打開它時，到了一個時候，會有一種連動的狀況，剎那間，好多花瓣就會突然一起綻放，呈現出驚人的繁盛！到那時，諸佛、菩薩、天仙就會自己來找你，根本不用你去祈求，為什麼呢？因為你太美麗莊嚴了。

這就是「花開見佛」——也是蓮花作為佛教象徵的本意。佛（覺者）腳下所踏的那朵具有八萬四千片花瓣的巨大蓮花，瓣瓣都是對於人生各式各樣經歷的清楚（這些清楚裡面又飽含著感謝），由於各個角度的觀照已然面面俱到，自然形成這蓮花座的圓滿與平衡（契入中道與無念）。而端立其上的佛陀，就意味著，無論和你同處在什麼樣的空間、時代裡，祂都是平靜、慈悲、充滿利他智慧，且未曾離開過祂的豐盛天堂。

（註）此處可以參閱《都可以，就是大覺醒》一書P.50～P.58。

☆「迎財神、接財神」的祕密

——找到「金屁股」

做生意的人要懂得用「金屁股」，而不要請到會讓你生意愈來愈差的人；你如果不相信這個風水，老師不會勉強你相信，但是從古至今就有這個智慧，這是千真萬確的。

什麼是「金屁股」？一般開店的人都知道，店裡沒客人時，也要找個人坐在那裡「當Sakula」（日語的櫻花）——也就是俗稱的「當花」，這樣比較容易吸引客人上門。甚至有的店家還會在生意清淡時故意放慢製作速度，以維持排隊的假象，這些都是因為知道「人氣」的重要。然而有的開店的老闆，是有發現這種狀況的：有個人一進來店裡，說也奇怪，不久後面就跟著一堆客人進來。

這世上有一種人，每次到什麼店裡一坐下來，本來沒有客人的店就會馬上開始爆滿；他自己不一定會注意到有這個現象，但是老一輩的生意人是知道有這種事情的，這種人就是所謂的「金屁股」。現在的科學還沒有辦法解釋，但這就是一種能量上的現象，有的人天生就帶有這種「磁場」，他的磁場的形態，就是會讓金錢在他周圍暢旺地流動起來，所以只要他剛好在你那裡，你便也能享用他的福氣。例如有一些常在打牌的人會發現，某些人如果站在你的後面，你的手氣就會特別的旺；或是在店裡面只要有某一位主管或會計坐鎮時，今天的生意很奇怪就是會特別順利。

「金屁股」這種人，他的存在就是會幫助人家興旺的，你如果能留下這種人在你的身邊，他就會補你的財運。這也是為什麼，以前的人要轉變運氣，就說要做某些事來「沖喜」，這就是藉助某些氣勢旺盛的人事物，來調整自己的運氣。這是一個大自然裡的奇妙現象，很多人也都感覺得到，尤其是做生意的人屢試不爽。

那像這樣可以幫人旺盛財運的人，在台灣叫做「金屁股」，在過去的華人社會，就叫做「迎財神、接財神」。所以為什麼農曆新年開市時，會有接財神的習俗，要把財神接到家裡來？或是傳統上大家都希望春節期間有愈多人來家裡拜年、走動，聽到愈多吉祥話愈好？我們以前在課堂上，也曾經告訴學生，家裡一定要插鮮花……這些都是為了讓你的運勢和金流能夠流動起來、興旺起來；而古代的風水，就一直有講述這樣的東西，這也就是為什麼有很多老闆會去供養一些老師或法王等等，因為他們發現，供養了之後，自己的生意真的明顯變好了。

當人在成功的時候，請不要志得意滿，覺得都是自己的功勞，因為就算是你有努力、有運氣，這其中很可能也有著別人的運氣在其中與你相乘，才有這樣的成果。所以為什麼樂透彩中大獎的得主，領了獎金之後，總會回饋一點給那個獎券行？因為這個運氣不是只有你的，也有那個店家的，當大家的運都走到這個點來相乘的時候，才會有這個開花結果——那個大運才會發生。

所以開店的人就可以去留意，比如說有時候你找朋友來店裡，會不會有某個朋友每次進來以後，店裡的客人就突然多了起來？或是每次某位客人一進門，生意就開始轉好呢？如果屢試不爽的話，很可能他就是帶有「金屁股」能量的人。如果你有發現這種「金屁股」，你就可以「供養」他。所謂供養就是，例如常常請他到店裡面坐、免費請他吃東西、享用店裡的服務……等，盡量討他歡心。你愈讓他在你們店裡感到開心歡喜，他愈開心，你店裡的生意就會愈好。然後他常來你店裡面走動了一段時間以後，就有可能忽然對你經營的店提供了什麼想法（要注意這個，因為有時候是不經意的），這就是「財神的提點」，你就按照他的想法做，那你的生意就會愈來愈好。

如果是開公司的人，你有發現誰是「金屁股」，你就請他來公司上班，安插一個位置讓他待著，就算只是讓他看看報紙喝喝茶，你公司的生意也會愈來愈好。

「金屁股」的能量形態，其實就是「別人的財神」。以前的老闆是知道有這種人存在的，現在年輕的經營者就多半不知道，但經營事業，就是要有這樣的慧眼去請到這種人，就算給他薪水高一點也沒關係，只要懂得留住「金屁股」，你的業績就會事半功倍。

世界上有一些人他的「運氣」，就是會幫人家興旺的。可是同樣的道理，也有一種人剛好相反，例如他是店裡的收銀員，每次幫人家結帳的時候就面露「起床氣」，讓人家看了就不爽，用到這種人那你就要小心，因為你的店就要開始走下坡了。不要以為你做的餐點有多好吃、價格有多實惠，你的生意一直有多好……只要你用到這種人，就算你原來的業績一百分，也會開始一直往下掉，然後你會很迷惑到底是發生了什麼事？明明什麼都沒有改變，為什麼店裡的生意開始不好了？其實就是你請到了不該請的人。

所以你請到的是一個會得罪人的人？還是請到了一位「財神爺」？相信資深的生意人都知道老師在講什麼。如果想要知道這些天地間的道理，或在生活裡怎麼更細緻地去調整自己的風水，你可以來上課、來學習這些智慧，老師會教你從生活中去看到很多現象後面的原理。當你提升了你的運勢，你的人生興旺起來的話，你根本不需要待在角落裡舔傷口，也不需要在過往的受傷裡面療癒了。

當然，我們也曾說過，人生的經營，有所謂的「正行」與「助行」，「正行」就是你要往上走，最基本該做的努力，那是你一定起碼要有的；而「助行」就是會讓你更事半功倍，可以更加輕鬆達成目標的加乘方法。

今天所說的「留住金屁股」，這就是屬於「助行」的一種。也就是說，你所做的事業，當然要有基本上的水準，至少可以「入圍」，那麼一旦你請到「金屁股」時，你就可以「得獎」！否則如果你自己所做的努力根本還差太多，你請神請佛來，能產生的幫助也是很有限的。然而如果你過去已經做得不錯，有一定的成績和歷練，那麼想要讓自己有更大的福氣可以加速興旺的話，今天老師就已經把古人所謂的「接財神、迎財神」隱藏的真意，以及真正的做法，透露給諸位了。

☆賺錢遇到瓶頸？因為你做了太多你擅長的事

——給人生的勝利組

先要談，為什麼有錢有勢以後，你反而不快樂？

很多人走到人生的高峰，名車也有了、事業也有了，反而一股莫名的憂鬱會向他襲來，因為覺得自己其實並不快樂、不幸福。回想以前還是一個打拼中的年輕人時，偶爾可以去吃一點好料，就會感覺到好快樂、好幸福；可是現在很有自由度去吃任何高檔的餐廳，卻開心不起來了，他不知道問題出在哪裡，因為他要有的都有了。

有錢卻不快樂？是你的「觀念」把你的快樂卡住了

那麼問題出在哪裡呢？就是你人生的太極，那個黑與白，已經停止轉動了。

所謂的「黑」與「白」，是指你人生的運作模式，裡面所含藏的「觀念」。當你的觀念已經偏向了「黑」或「白」其中的一端，沒有另外一端去跟它互補時，那就像一個太極缺了一邊，就轉不動了。

轉不動就好像一家店的現金流愈來愈低一樣，那這家店會怎樣呢？沒有現金流，你現在所有的軟硬體雖然「還在那裡」，卻會變成每月產生固定開銷的負擔，反而無法給你支持。

人生也是這樣，你要的那些物質、名位你都有了，可是它們不但沒有形成對你的支持，還一直在消耗你、讓你的生命只覺得愈燃燒愈空洞，這是為什麼呢？其實是你的「觀念」把你的快樂卡住了。

「人生勝利組」總有很多有關於「功成名就」的「觀念」（也就是自我設定），這些觀念在你成為「勝利組」的過程中，雖然是激發你奮鬥意志的動力，卻同時也變成一把雙面刃，讓你開始在往自己身上插刀。

最簡單的例子就是，當你看不起比你沒有錢的人的時候，同時你也就拿著這個觀念在痛戳自己。為什麼？因為你就會一直看到很多人還在你的上面，比你更有錢、比你更有位置，可是你有沒有能力再爬上去？你自己也沒把握、沒信心；然而你更不允許自己向下掉，變得跟你所看不起的人一樣，所以你就一直被這個「看不起沒有錢的人」的觀念綁架，活在恐懼焦慮之中。

更不用說有很多人致富的原因，其實並不是自己真的很有實力、很知道怎麼做所以成功的，有許多人只是不小心踏到了時代的浪頭而致富，或甚至是用「無奸不成商」的方式去賺到錢的。那他的心裡面就會有一個角落，一直覺得自己是不配的、知道自己其實是沒有那個能力的；「德不配位」這句話就是在形容這種狀況，這個所謂的「能力」，就是那個「德」的意思。

這種「德不配位」的感覺在黑道裡面最多，而「不配的感覺」就會形成一種心態上的扭曲，讓他們想用揮霍金錢的刺激感去麻痺自己，逃避掉這種感覺。白天他一擲千金地去買豪宅、買跑車、玩女人……對別人顯現出自己很吃得開的樣子，可是到了晚上卻睡不著、感覺到一股巨大的空虛，然後他就又半夜跑去夜店、酒家，想說就把自己喝到掛就可以回家睡了……這些人其實已經有程度不一的憂鬱傾向，他們的苦是很多還沒有賺到這些大錢、正在羨慕他們的人所不能了解的。

一個什麼都買得起卻不快樂的人，他真的是「很願意花錢的」，可是他會覺得他該花的錢都有去花，但是人生還是感覺很荒涼。

如果你已經有這樣的狀況，你再繼續這樣花錢下去的話，人生是會更扭曲、更失去平衡的。比如說你今天有五億進帳了，當你還沒有拿去買豪宅之前，人格還不會扭曲，可是當你買了以後，就開始扭曲了。為什麼呢？因為住進去以後你自己會感覺到，你的左鄰右舍，好像比你有氣質、比你應對得體、比你有真正的能力和實力……可是這個你所闖入的世界，又更現實、更勢利了；例如你雖然也在那個豪宅進出，可是人家談到你的背景，背後是在笑你的，看到你的穿著或看到你往來的親友，心裡面是不屑的……那你就開始經常陷入各種痛苦情緒，因為你其實也是認同這樣的觀念，於是你就會因為這些情緒的不斷累積，自己的言行與心態也愈來愈歪掉了。

這個道理有點像：在學校裡面的第一名，考上了第一志願的科系以後，進到了每位學生都是全校第一名的班級裡面；然後他就發現，他必須付出比以前更巨大的努力去唸書，卻只能在這個班級吊車尾，因此就開始累積種種挫敗、自我懷疑與不甘心的情緒。

同樣地，當你有錢了，進入了有錢人的世界，可是在這個世界裡面，你會發現還有好多好多人比你的有錢更有錢、比你的有勢力更有勢力、比你的現實還現實……你過去的幸運也好、成功也好，在這裡只不過是一張最初級的入場券而已，那接下來你靠什麼在這裡面好過？在這裡面幸福？如果你沒有「德」可以匹配的話。

如果你沒有這個「德」來幫你「配位」，那你的眼界——也就是你所看到的一切，就會讓你開始產生自我的扭曲，你會在別人的鄙視與白眼裡面，有很多的不甘心和憤怒，然後你內心就會漸漸失去快樂的能力。

這當然不是說，有錢了住進去豪宅，就一定會變成這樣子，而是指，當你的修為，沒有配合著你的有錢一起上去的話，你即使得到了那個「進入勝利組世界」的門票，也會沒有能力去駕馭這個新的位置。

就像開超跑的人就知道，跑車不是你有錢買就可以開的，是要特別去學的；你必須學習怎麼去駕馭它的性能，否則也是會很危險。雖然在法律上，一般的駕照就可以開跑車了，但除非你跟一般車一樣，在馬路上慢慢地開，才沒有問題，但這樣的話，買跑車的CP值就很低了。可是如果你真的想要發揮這些名貴的車子的性能，想要四秒加速到時速一百，那就不是一般的駕駛技術和知識足夠的，必須要額外去學習與練習，你才能夠安全的駕馭。

所以有錢人不是一般人看到的，好像人家就只是「有錢」這麼簡單，人生的太極在富貴裡能不能運轉得起來，還是在裡面擱淺、痛苦甚至沉淪？這裡面其實要學的功課更多，才能夠撐得起這些擁有；尤其如果你是從底層上來的，突然一有錢的話，功課是更大的。所以就看你的心態上，有沒有準備很大的空間去學習了。

只相信數據，會失去「感應到別人的心」的能力

那麼，一言以蔽之，有錢的人，包括成功的企業家，為什麼會不快樂？高靈說，因為你們的太極停在「黑」的那個區塊太多，讓「白」的部分消失了，所以不管是外在的事業或內在的心境，都沒有辦法再突破，所以你們就不快樂了。

這段話其實並不那麼好懂，因為人自己的盲點，總是只有突破之後再回頭看，才會真的明白過來，但是我們還是盡可能地做出解釋：

舉例而言，當你注意力的焦點，都在用「帷幄的方式」去處理事情的時候，你其實是一

直在「悲」裡面看待這個世界的，所以你會愈來愈不快樂；而當你花很多的時間在帷幄的時候，慢慢你對市場浪頭、人心感受的敏銳度，也會不復當年，因此形成發展的瓶頸。為什麼呢？因為這種「帷幄」都是在用頭腦，所以你自然而然會愈來愈喜歡看數據、相信數據，而失去一種「感應到別人的心」的能力；漸漸地，你的事業發展，就會碰到一面無形的天花板。其實，真正的浪頭是沒有數據的、是在數據之前的，已經有數據的，那就不叫浪「頭」了。

（甚至於有些產業目前已經衰退得很嚴重，但這些業者還在拼數字，拚命想把盈收數字拉起來，可是是用非常短視的方式，繼續在消費自己當初的金字招牌；然後這一兩年，暫時把數字拉起來了，但這就是所謂的「迴光返照」，接下來這些大企業，就會愈縮愈小了。）

高靈說，大部分的商人的發展到最後都會停在「黑」裡面，要轉動這個瓶頸，除非重新回到「理念」去做事情。

這並非所謂的「教忠教孝」或是「道德勸說」，而是有其宇宙的法則。因為當你一直在頭腦裡面運算的時候，有一種只有用「心」可以洞察與處理事情的細緻度，你就看不見、也做不到了；當你還在用很多「黑」的方式拉高盈收的時候，你的問題點不會立刻顯現出來，可是等到它已經顯現出來的時候，市場早就棄你而去了，HTC 就是活生生的例子。

很多生意人本來就是秉持著「無奸不成商」的想法，他們是「奸」上的，他們比較習慣用「黑」的這塊去運作，可是用黑的部分去運作到某個時候，它會有極限；如果他們沒有更細緻的「白」，讓生意可以再去滾起來，它就會停在這裡了，而且一旦停在這裡，這個老闆也會睡不著、也會開始有憂鬱症。為什麼呢？因為他會感覺到事倍功半的辛苦，又很容易受到外界各種波動的驚嚇，還不能夠顯露出來；然後黑白兩道都要來跟他要東西，可是資產其實又在縮水，沒有更多錢去打點，為什麼會睡不著，就是因為這些。

所謂的「無奸不成商」的「奸」字，不是在形容他們很壞，而是指，他們比較習慣從「能賺錢就好」的角度去思考，不是真的有提供等值的服務或東西給別人的（也就是沒有真正的理念）；他們做生意一直在操作「養、套、殺」三部曲，也就是賺愈多以後，他給的東西反而愈縮水，這就是那個「奸」字的意思。

他們的「不要輸給別人」，是指「我賺的錢不要輸給別人」，而不是「我的服務、我提供給人家的東西不要輸給別人」，因為是這樣的思考，他「奸」成習慣以後，就不知道他的消費者已經開始覺察到什麼。他這個「奸」蒙蔽了他自己的覺知，所以人心已經盡失，他卻變成後知後覺。

經營企業如「太極的轉動」

高靈說，現在的生意人並沒有比古時候的生意人聰明，自古以來，這種「眼看他起高樓、眼看他樓塌了」的故事就一直在重複，這就是來到這個地球教室的靈魂，在這個層次會有的輪迴。如果你要超越這種輪迴，你就要能夠看到你「觀念中的太極」，你要知道自己是因為偏向於哪一邊，造成了你的瓶頸與後續的崩塌。

有的人一直偏向在「白」的那端運作，那這個運作也會行不通，也會帶來他的失衡，甚至轉而又偏向於「黑」，那這還是沉淪。不過高靈說，「白」的人要學習「黑」的那塊來平衡，是比較容易學得會的，學會的話，他就能夠運作出下一個更高層次的「白」。可是從「黑」的那塊出身的人，要學「白」的那塊就比較困難，因為從「黑的運轉」出身的人，「頭腦」太強大，很多的既得利益也比較放不下，所以通常他們是會一直相信他們「黑」的那端的操作，直到把自己弄到一無所有，才可能會認錯回頭。

如果你是個遇到瓶頸的企業主，到這裡你都看得懂，那恭喜你，你是相當有慧根的。那麼，你就要開始去學習「白」的那個部分，你對於這個部分要有更多的付出，才能去平衡你的太極；而當你有往這個方向去學習的時候，你的隱形天花板就會現形，讓你看到那是什麼，而恭喜你！這也意味著你看到要「更往上走」的功課是什麼了。

那麼當你願意去做那個功課，這個天花板就會消失，變成一座送你往更上一層樓去的階梯；這時你的事業規模，很自然就會有一個跳階，例如從本土市場走到國際上去……於是居然實現了你當初的夢想。這時候你回頭過來看從前的你，你就會清楚知道，自己之前為什麼會停滯在那個階段了，那你對今天我們說的這個「太極的轉動」，就會有更深刻的體認。

不過現實是，大部分的企業家卡在那個用「黑」轉不動的瓶頸以後，他就會想：「反正我也就這樣子了。」因為他們也到一個年紀了，也覺得沒有力氣像年輕的時候那樣去拚命了。

其實你們只要去回想，當年剛創業的時候，你們也是因為有那個「白」，才能夠轉得動事業的。當時所謂的「抓到商機」，那也是有看到人家的需要，願意就那個部分去付出，而且付出得比當時已經成氣候的同業要更多，你們才會取而代之的。所以你現在的方向，應該是重新去找出現階段的那個「白」是什麼？用它補進你的事業中，那你的事業就能夠再度向上轉動。

當然在商業競爭中，你也要懂得大家「黑」的那塊，知道怎麼去因應和操作，才不會被這些「黑」給吞噬，才能夠「營利」。所以「黑」的那塊的能力並不是不好的，可是一直以「營利」去思考，久了以後，你的「白」就停止了，那你現在如果想要突破瓶頸、再創高峰，就不能再繼續以你所擅長的「黑」去思考和操作，這樣只會愈做愈錯。

現在你懂得了這個原理，但所謂的「白的那塊」，對你目前的事業而言，具體究竟是什麼呢？有人說：「既然我的太極已經缺少現階段所需要的『白』，又怎能自己去看到它是什麼呢？」沒錯，這就是所謂的「盲點」，但這還是有解的，在這裡提供一個具體的方法：

例如你可能是一家多角化經營的大企業的總裁，你知道你底下很多的公司，其實已經遇到瓶頸，不知道要怎麼上去了。那你要怎麼去找出「白」的那塊呢？就是你自己要重新回去接客服，同時你也要要求你的事業群裡，所有的 CEO 都要去接他所負責經營的那個事業體的客服，也就是重新回到那個客戶反應問題的「下水道」裡，去找到你們該給出去的那個「白」。

接客服不是只是聽電話而已，還要親自去跑那個處理問題的流程。高靈說，以你們對自己事業體的熟悉度，以及在那個行業裡的經驗與閱歷，只要真的有用心去做，一段時間以後，就會開始找到那些你們所欠缺的「白」的拼圖，而能夠去讓企業做真正該做的事，那你就可以突破瓶頸繼續賺上去了。

問題的答案是付出後才會獲得的

其實不只是做事業，人生所有問題，都是這樣在解決的，就是你要明白這個「太極」的道理。不過這個說起來簡單，做起來卻不容易，如果容易的話，人人早就都成功、成佛了。

所以雖然高靈也可以給你的企業提點，為你這個卡在自己觀念裡的當事者，提供你沒有看到的角度，但是這裡面有一個很重要的關鍵就是：「如果已經點出你的問題了，那你是不是真的有誠心要去反省、要去處理？」

因為作為一個事業有成的企業家，心裡多半都是自負的，很多時候即便去求教，也不是虛心的。如果人家給的角度，剛好跟你想得不一樣，你是不是真的能夠在心裡面騰出空間，虛心地去反省與思考呢？如果你能夠如此的話，人家一定是很樂意給你更多的指點，那你就能夠更快地往上走。

如果你是因為看到別人的問題在高靈這裡有處理成功，所以也想要來找高靈的話，那麼老師身為高靈的管道，要告訴這些企業經營者的話就是：當然我們有能力去看到你問題的出口，可是你也要有相對的誠心去做，才行的。這些該去做的事，都要花心力、花錢，是你後續一定要願意去為你自己付出的。這就像人家可以丟游泳圈給你，可是你自己也要游過去接，不能說：「你直接把游泳圈套在我的頭上不行嗎？」這是不可以的，因為這是介入你的因果。

高靈會在不介入你的因果的前提下，提供你所需，可是要不要按照這些指引去實踐、有沒有真實的去實踐，那就是你自己的決定，也是你自己要去誠實面對的。

為什麼要特別地強調這些話呢？因為明明是你聽了人家的介紹、又看了老師的文章，也覺得有幫助到你，所以才來的；可是當你來的時候，聽了高靈的訊息，你的心裡卻想：「啊？跟我想的不一樣，然後又要去花錢，也不知道有沒有效果……那個介紹我來的別人說有賺到、有幫助，說不定只是 lucky。」於是你就逃掉了、告訴自己不去做了。那這個就是不誠。

你看到別人改變了、突破了，你說你也想要，那你有沒有準備好呢？那個改變的人，並不是一個答案讓他改變的，他也還要付出相對的精神、金錢，有真的去做，才會獲得的。所以你是羨慕、想要，但這代表你真的要改變嗎？不一定。

那麼所謂的「不會介入因果」，也就在這裡。有的人來找高靈，他的想法是：希望高靈能給我「開明牌」，我直接去做那個，就可以發財了。這是不會的，因為神不會給你「讓你可以逃避掉你的功課的東西」，那樣給你，就是介入了你的因果；神只會給你釣竿、教你怎麼使用，然後讓你自己去釣魚。所以如果你真的想要改變自己的現況，你的「誠」一定要先準備好，這個誠不是嘴上講講的，它就是金錢、就是時間、就是實實在在的付出。

用雙贏的想法去「獲得」與「付出」

我們人是很會欺騙自己的，有一些人他來問高靈了，可是高靈給的方向他之所以不想採納，其實是因為他自己還想欺騙自己，還想要抓著某些既得利益不放。如果是這樣的話，不好意思，這就是你自己的因果，那你看到人家有所突破，就不要去羨慕人家，你應該要問問自己有沒有在欺騙自己？這才是重點。

例如今天對企業主講的，有關於轉動黑白的道理，我們舉了「回去做客服」為例，來給大家一個具體作為的參考方向；但是畢竟臉書上的文章是面向大眾的，對於不同的企業瓶頸，這當然不能一體適用，只能說可以給你一個大方向，讓你用這個大方向去衡量，試著去做做看。如果有的人光看了文章，就已經解決了問題，那當然這樣子很棒，因為你能開啟自己的智慧去找到自己的解法，那就是你的能力，身為老師是絕對為你而開心的。

可是如果你覺得這些免費分享的文章，在很多地方都有打到你、點到你，只是用來思考自己的現狀時，你又覺得茫然不確定了，那你就要用諮詢的方式來做一對一的探討，而不是就這樣又算了，然後想再等待下一篇文章，甚至發私訊說：「老師，高靈的文章剛好講到我的問題！可不可以請高靈就某個部分再多講一些，如果是像 blabla 的狀況的話，那要怎麼辦？」

其實每一個人的基因、每個人在相對位置上或立場上，都跟別人不相同，作法當然會不盡相同，所以你確實是必須就你的相對位置再去釐清的。這樣你就要親自來做你個人的探討，而不是期待別人再花費時間精力，去「免費」解決你個人的所需。這種單方面燃燒自己、不是雙贏的事情，老師也是不會做的。可是就你自己這方面來講，你也要去想：如果你一直想要「免費的智慧」去解決你生涯的重大課題，你覺得自己真的有準備好要去為你的功課「好好付出」嗎？這個老師不能論斷什麼，可是你真的要去看看，不要欺騙自己喔！

總而言之，「雙贏」才是一個能夠轉動的太極的處世方式。如今的社會會走到這個地步，就是因為很多人沒有用雙贏的想法去「獲得」與「付出」，只是一直想拿，卻吝於給予；企業如此，許多人對待周遭的心態亦如是。如果是這樣，這也就是沒有「誠」，那麼，雖然表面上似乎一直在「拿到」，可是真正該獲得的「關鍵」，就會一直拿不到；因為上天是不會這樣去給予你點化的，祂只會看著你透過你自己的無限迴圈（即重複回到同一個困境，境遇卻愈來愈糟），去等待你願意回到「感謝＋反省」，然後真的願意去「奉獻」的那一天。

終究，無論「人生勝利組」或「人生失敗組」，這些形容都是表面上的虛相，真正的天堂或地獄，其實是你「這個當下」的心境。可是「這個當下的心境」要能夠維持在喜悅和幸福的感覺裡面的話，也唯有你願意透過虛心的學習和真心的付出，去轉動你現下的太極了。

☆「錢」是生不帶來、死不帶去，但「富貴」可以

——顛覆你想法的一堂靈性財富課

有句話大家很熟悉：「錢是生不帶來，死不帶去。」若單就銀行帳戶裡頭的數字來說，這是真的；但是就「財庫」來說，這句話就不對了，甚至剛好相反。在靈魂的輪迴中，「財庫」是生可帶來，死可帶去的。

那麼這個所謂的「財庫」，究竟是什麼東西呢？你有財庫嗎？財庫要怎麼兌現為這一世的金錢？這是今天我們要講的主題。

提領財庫存款的「密碼」是：你的靈魂因為學習而有需求

首先，每個人都有「財庫」，不然你是沒有辦法來這一世投生的，投生了以後也沒有辦法一直長大成人到現在，因為這個過程都需要「花費」。古時候的人意識到，每一個人來到這個世界上，就算是很笨的人，上天總也好像會給他一條生存的路，所以會有一句俗諺叫做「一枝草一點露」。其實「一枝草一點露」的那「一點露」，就是在說我們每個人

都有自己先天的「財庫」。

如果你是常常對發票會中獎的，或是工作銜接從來都很順利，例如每次想換工作，另一個工作機會就會自動補進來……有這些現象的人，即使你覺得自己收入普普，其實你都算是「財庫」還不錯的人。有的人雖然不是有錢人，可是回想過去大半生，其實也從來沒有真的缺過錢、甚至於從來不需要去煩惱錢。那麼你們先天的「財庫」其實相對於很多人，也已經是很不錯的了。

「財庫」就是你在過去世，靠你自己的智慧與能力所累積出來的潛在資源，這個潛在資源特別指的是「物力」上的資源，而非其他。在你的靈魂進行這一世的學習之路時，你的「財庫」會因為支持這個學習的需要，而顯化為實質的機緣，為你帶來物質或金錢，讓你可以進行下去。

有些人便問了：「既然是『我的』財庫，那能不能一次給我多一點呢？難道只能這樣吃不飽又餓不死的給我？」

回答是：「財庫」如果比喻為你的某個帳戶裡頭的存款，那提領這些存款的「密碼」就是「你的靈魂因為學習而有需求」。這個「需求」就是你汲取你的「雲端財庫」的「Wifi密碼」。你的「財庫」是透過這個「需求」才能夠提領出來的。

例如有的人的功課，是需要藉由「很有錢」來學習，那他就會有很多機緣，讓他去賺到錢。有些人會有那種好像瞎貓碰到死老鼠，突然一炮而紅就名利雙收的事情發生；或是剛好搭到流行的浪頭、沒有太辛苦就一直賺上去；還有就是很多人羨慕的富二代。可是會做這種功課的人，也是因為他自己前世有修為的關係，透過這些修為，他已經慢慢累積出很大的財庫，而他這一世則是要透過大量提領這些財庫裡的資源，很快成為富有的狀態，去做更複雜的「黑與白」的功課的。

所以也可以這麼形容：如果你現階段的靈魂功課，需要的是以「月入三萬」的狀態來學習，那你就不會變成月入五萬。你會發現，就算偶爾有外快或中獎，這些錢也會從別的地方又流失掉。有人說：「那我努力去兼兩份差，難道也不能提升我的收入嗎？」或是「那我去學習最新技能，難道不能更吃香，賺到更多錢嗎？」不用擔心，這些努力通常是可以的。為什麼呢？因為人通常也會透過這些歷程，變得對人生更有思考、更有覺知，所以他的靈魂也就透過這些步出舒適圈的行動，向上演化了。那麼你接下來可以學習的功課，就會比之前更上一層樓，所以你的「財庫」就會給你更多金錢的顯化，讓你更有資源去做下一階段的學習，也就是說，你實質的收入是真的會增加的。

換句話說，你可以從你先天的財庫中汲取多少「實質幫助」，是跟你這一世的智慧與能力成正比的。如果你這一世很有智慧和能力，你要學習的功課層次就會比較高，那麼你的財庫就會給你輸送比較多的資源，以供你在這個層次的學習。但如果你沒有什麼智慧、能力也普普，又只想在原來的舒適圈中停留，那你能從財庫中「吸引」出來用的額度，也就會是你現在所感覺到的「吃不飽也餓不死」的狀態。

玻璃心強，相對會「窮」

甚至於如果你是比較「玻璃心」的人，你的財庫還會連利息都不吐給你，那你就會覺得生活是一件很艱難的事，好像每一分錢都要流血流汗才能賺得到。也就是說，玻璃心強的人，在「因果這部超級電腦」的運算裡面，一般是容易保持在相對貧窮的狀態的（但請注意：這個邏輯不能反推）。

為什麼會這樣呢？因為玻璃心強的人，他自己的高我比較不會允許他變得有錢，因為一旦有錢了，他就會走偏、變得跋扈，這樣他本來要修為的功課，就會修不到了。

所謂「玻璃心強」，是因為他心裡面有很多受傷，所以他變得很敏感、很計較，其實也就是很有攻擊性。如果他又有錢的話，例如他去吃高檔餐廳的時候，人家只要稍微有一些地方服務不周，他損失感的警報器立刻就會響起來，認為自己花這麼多錢了，不應該得到這樣的待遇，他就會用很自以為是的態度去對人家惡言相向。其他時候也是類似的，例如在跟別人相處的時候，他憑藉自己有錢有勢，只要心裡一感覺到吃虧，他就會用他的計較，馬上去修理人家。

所以一個玻璃心的人得到很多錢的話，就很容易縱容自己的「主觀」，發展成「刻薄」。但是他自己會認為說，是「底下這些人」都很「賤」，要時時盯著不能對他們好。所以「有錢」並不能醫治一個人的玻璃心，反而是會讓他變本加厲的。

但是當他處於經濟的弱勢時，為了討一口飯吃，他就必須要「忍」——也就是很多事情雖然引發了他的玻璃心、他是不爽的，可是他就必須要忍耐，不能順著情緒去做。那麼在這個忍耐裡面，他才會慢慢去看到許多事情的不同角度、培養出包容和理解的品質。所以他的高我、以及想幫助他靈魂修行的「無形界的力量」，就會把他放在比較貧窮的位置上，讓他去修這個「忍」。

當他開始真的長養出包容的心，以及更多角度的理解能力的時候，等於他有做到他在這個層次該做的生命功課了，那他就會發現，他的財務狀況真的就會慢慢開始好轉，他會變得比之前更豐盛。

這也就是為什麼會去「文人相輕」的那些「文人」，通常也會比較貧窮，因為「文人相輕」就是一種「玻璃心」。古人的這句成語，就是在說，有一種讀書人常常在講理想、理念，也常常在歌頌愛和美，乍看之下，你會覺得他應該是一股清流、應該很豁達。可是實際上那只是一個表面的形象，真正相處起來就會發現，他們其實很愛計較、見不得人家好、也很喜歡踩別人來證明自己。所以只要一有升官發財的機會出現的時候，他們爭搶的各種小動作就會跑出來了。這樣的「文人」一旦真的擁有了資源與位置的時候，他就會變成一個霸占者，那些理想和理念就會變成虛偽的包裝了。

所以為了讓玻璃心的人能夠修他該修的功課，一般而言他們的經濟狀況就會處在比較不寬裕的狀態，讓他可以修行。當然這也不是絕對，當我們在講「因果」這個超級複雜的大電腦的時候，請記得，一切的說法只能是為了去凸顯我們要闡釋的部分。

例如也有玻璃心的人是很有錢的，可是那是因為他其他的福報太強的緣故；然而既然他的玻璃心在這個有錢之中會變得跋扈、造下更多的惡業，那麼當這個福報用完了，他還是會重回貧窮的環境裡面去修行的——因為這仍是最適合他的靈魂成長的境遇。

主動去學習智慧和能力，人生一定會走向富貴

所以每個人都有財庫，當你的功課已經來到了需要透過「更多金錢」來修行的時候，你的財庫就會對你打開更多資源，讓你可以步入這個學習的階段。並且，當你通過這個層次的學習，你會因為已經升級的智慧與能力，又把原先花出去的「學費」加乘數倍地返還到你的生活中，於是你的「財庫」又更大了。也就是說，當你愈主動地在人生中去學習智慧和能力，讓你的視野愈快往上走，你的人生一定會走向富貴。

所以這裡有一個重要的觀念：修行愈到成熟的階段，其實是一定會走向富貴，而不會

一直是清貧的。更不用說，認為要一直減低物質的擁有，過著簡單的生活，才能有「很高的修行」，這更是跟真相剛好相反。你只要看所有的佛菩薩，都是穿金戴銀、滿手寶物，住在祂們自己建造的、遍地黃金的淨土國度裡，並且擁有無窮的工具可以度無量的眾生，那你就知道，如果不是很有能力可以去擁有與駕馭大量的資源（這也就是「富貴」），祂們是無法成為這樣的存有的（註1）。

所以如果你希望你先天的財庫，可以變現給你更多的金錢（資源），那麼你就要把修行的重點放在學習生活中的智慧、增進你做人做事「轉動黑白」的能力。這樣你就會吸引你的財庫對你打開更多，而形成一個正向的循環。也就是：當你因為智慧的提升，讓更多前世的財庫運轉出滾滾紅利時，你這一世的成長就會因為這個利上加利，又更加速滾動了。那麼即使你還沒有達到脫離輪迴的階段，你的這一世等於已經為你的下一世，又儲存了更大的庫金，讓下一世的自己透過繼續學習更高階的功課，又可以再次去把它提取出來使用。

所以「錢財」的本身雖然是「生不帶來，死不帶去」，可是「富貴」卻可以；「富貴」與「智慧」這兩樣東西，是可以跟著靈魂走的。

因此現在你看到的，可以含著金湯匙出生的那些「富二代」，請你不要只羨慕人家命好。因為通常他們的前世都是靠自己白手起家過、也賺了非常多錢的老靈魂。他們很多人上一輩子都是大董事長、大老闆，所以這一世他們一出生財庫就很大，也可以提領很多出來，得到很多「贏在起跑點」上的栽培。其實那個領先別人的起跑點，也是他們自己去掙得的。

而這些得到很多栽培的富二代，其實從小被要求花在學習的時間，也就會比一般小孩多很多，而不是像酸民所想像的，好像人家都在吃香喝辣、贏得很輕鬆。就像古往今來，有很多知名藝術家的家裡也都很有錢，可是如果別的孩子在玩的時候，他沒有比別人更辛苦的練琴、畫畫，那麼就算父母可以砸錢下去，他們也是不會有那番成就的。所以人家無論是上一世或這一世，付出的努力可能都比大部分人要多很多，我們不能因為自己的羨慕或嫉妒，就去把你沒看到的、或看不到的人家的努力給抹煞掉。

反過來說，如果身為富二代，他這一世卻懶得學習，甚至心性因此而變壞，那麼他這一世的富貴也就會走下坡。到了下一世的時候，他所投生的時代已經改變了，別人因為有持續的在學習智慧，所以人家的靈魂演化得比他先進，很快可以跟新的時代接軌，順利學習上去、在裡面乘風破浪。可是這個前世是富二代的人，相對於這些同時期投生的人，他的資質（智慧與能力）已經變成是比較落後的，那他就無法再成為下一個時代出類拔萃的成功者，他就掉下來變成一般人了。

這就好像你在製造業時代可以成為大亨，但如果停止學習的話，到了ＩＴ時代你就會被刷下來，你就會被很多有在接受新知識、新觀念的人超過去。

所以這裡面又有一個重點：人在輪迴中的所謂的「上升」與「下沉」，不是如傳統宗教所聚焦的，好像只是「很個人的修為」的事情。其實，也是取決於你在你所投生的那一世，你跟別人相對出來的「智慧程度」而決定的。

比喻地說，如果大家的基因都演化到很能接受5G的思惟，而你還停留在4G的話，你肯定會變成當代的弱勢。所以你可以去看，當大家都在接觸新科技、新媒體的洗禮時，跟你同年齡的同學、朋友中，有沒有某些人卻一直在懷舊、對新事物常常是排斥的呢？有沒有理解力好像很慢、心態又很膽小保守的人呢？那他的生涯發展肯定跟同伴比較起來，會有愈來愈大的差距的，不是嗎？

所以你在輪迴裡面的境遇如何？其實是跟「這一次和你一起在這個地球教室裡面輪迴的人群比較起來，你的智慧程度相對如何？」息息相關的。這就是佛法不變的真理之一：一切呈現都是取決於動態的相對位置（也就是「緣起」）。

所以為什麼「學習智慧」是在地球上最重要的一件事呢？因為透過各種人生的境遇，其實所有靈魂都在學、都在慢慢地提升。如果人家的智慧與能力都提升上來了、紛紛超過了你，那你這輩子只能給人家打打下手，只能一直被踩、被消費，這也是很自然不過的事情的。

打開「財庫」的鑰匙，就是「學習智慧」

最後的一個重點：如果你是一個害怕因物質欲望而受苦，於是一直主張要「清貧、儉樸」的修行人，那麼你的財庫在生生世世裡面，就會累積得比較少。於是你也會發現，你今生要去度別人，是件多麼困難的事情；每每才發心想做點什麼，就會發現連自己都養不活自己、甚至很容易被有心人欺騙，反而把你僅有的掏空。而當你發生了這些事情，就會更引發你想要「放下一切，歸去來兮」的想法。可是愈是如此，你的輪迴就會愈停滯在這個階段；你很多的東西其實是空不掉的，只是壓抑到潛意識裡面去，還會愈來愈覺得「高處不勝寒」、「好馬遇不到伯樂」。那麼你的修行到後來就會落在「悲」裡面，不但跟「解脫輪迴」漸行漸遠，事實上已經掉到某個層次的地獄裡面去了。

還有很多修行人他們的過去世，已經好幾世都一直在跟人家宣揚那種「不思過去、不思未來，只活在當下，就能了悟本體、超越一切苦厄」的「開悟」道理。可是「開悟」到現在，他不是還在輪迴嗎？而他內心的吃不開、轉不動很多事情的苦，他自己明明也知道，可是他的邏輯卻又變成更去強調那個「活在當下的無我、無念」，以得到暫時的鬆脫。其實這種「開悟」所說的結論並沒有錯，但是那是一種「所有入世智慧的蓮花瓣，都能夠圓滿開啟」的熟成階段，那其實是菩薩道的大開悟（註2），這個「結論」不是你就可以這樣去執行的。而且當你到了這種成熟度，也會深知，這種開悟的說法對於一般連修「善」都不到位的人，根本不是他們的階段該聽該學的東西，因為那樣的想去觸及「本來面目」的體驗，是很容易讓他們走偏的。

所以如果今天你有緣看到了這篇文章，希望你能夠快一點自己先踏出這個修行的誤區，離開這個「開悟的化城」，你才會真的走上菩薩道，親證佛所證悟的空（註3）。

最後我們回到今天講的「財庫」的主題，用一句話來總結：**打開你「財庫」的那把鑰匙，就是「學習智慧」**。

當你愈願意學習「生活中的智慧」，你的財庫就一定會愈打開。而且學習生活中的智慧不只是可以打開你先天的財庫，還可以把你的財庫又裝進更多「金山銀山」，讓你帶到未來世，再去幫助你在更富貴的條件下，繼續往上修習更圓融的大智慧。這樣的良性循環，不是天底下最好的事嗎？

所以希望大家好好把握這新的一年，好好地學習智慧、創造你內在與外在同步的富貴，那麼這份「富貴的能量」就會永遠跟著你的靈魂走，直到你成佛。

（註1）延伸閱讀：《地藏經》P.151〈佛法，是真富貴之法〉。
（註2）請參考《都可以，就是大覺醒》一書P.103〈何時人會從地球層級的功課畢業〉一節。
（註3）延伸閱讀：請參閱《心經》P.129〈神佛的「空」，等於遍地寶藏〉。

☆最有福氣的致富之路

人生不應該只停留在曾經受的傷裡面，否則「吸引力法則」就會讓這個傷，以更多變貌的形式進入接下來的人生當中。同樣的，如果覺得自己窮，並對此不滿，也不應該一直停留在這種不滿心境當中，否則就會一直窮下去。

停留在那個「受傷」，或是「對貧窮的不滿」中，不停的舔傷口，在裡面自憐自艾，這樣不會有任何改變；你應該往前走，只要能往前走，哪怕才一步，你已經啟動了你新的、更好的人生模式了。

可是，怎樣才是「往前走」？例如你覺得自己財務拮据，想要致富，那麼開始積極去賺錢，是不是就是往前走呢？我們也聽說有些人反而因為積極想賺錢而被騙，弄得血本無歸，比原先狀況還差，這其中問題到底出在哪裡？

今天我們就以「致富之路」為例來談談，要改變現狀的人，該如何正確地「往前走」。

真正對自己有幫助的「往前走」，不是一想要什麼，就按照自己的想法拚命去做的，其實是需要三個步驟的。

第一個步驟，是要先讓你「覺得自己並沒有那麼窮」。

第二步驟，是開始去「學習與致富有關的能力」。

第三步驟，才是去執行你的賺錢計畫。

很多人因為跳過了前兩步驟，直接跳入第三步驟，所以才會莫名其妙地以失敗收場。

讓心境先寬裕起來

第一個步驟為什麼重要？因為即使你的實質金錢看起來不是很寬裕，但你的心境一定要先寬裕起來，否則沒有辦法走上真正的致富之路。一般會用「吸引力法則」來解釋這個現象，但這裡面的原理其實是有的：貧窮的心境會看不到每個當下，通向富裕真正該著力的「當下按鍵」，所以很容易用「事倍功半」的方式去做事，虛耗光陰而少有所成。

可是，為了「覺得自己並沒有那麼窮」，努力的去想像「我很富有、我很富有……」或「我要的東西已經實現」，效果其實是非常薄弱的，因為無論你怎麼逼真地想像，另一個你會知道「這不是真的」。

所以第一個步驟該如何達成呢？且讓我們用一個例子來說明：

很多人從來沒有好好整理過自己的衣櫃，有時候因為搬家或其他特殊的原因，終於一口氣把衣櫃裡所有的衣物挖出來時，才會發現，自己其實擁有好多好多衣服，有幾件甚至很好看！可是因為衣櫃長年缺乏整理，塞得滿滿地，所以每次會穿的總是吊在最外面的那幾件，而那些很不錯的衣服因為被塞到櫃子深處，就這麼白白浪費了。

如果你願意好好把自己的衣櫃整個翻出來全部審視一次，並且試著將所有還不錯的衣服攤在床上，你會發現你的穿著還可以有好多新的配搭方式，比你現在老穿那幾件的方式要豐富許多！如果你先在家裡試試看組合這些衣物，再把讓你滿意的這些配搭都以手機拍下來，存在相簿中；以後只要出門，就按照相簿裡面的模組去穿衣，你會發現你的朋友都會感覺到：咦？你最近怎麼變寬裕了？好像買了許多新衣服？

如果你從不這麼做，就會習慣性地總抓那幾套衣服出門，於是你就會覺得自己的穿搭好像就只能是那幾款，而且衣服也好像永遠少那麼一件。

「把自己現有的生活重新整理一遍，你會發現自己擁有的，比自己以為的多更多！」一旦如此，你就會真的產生出「原來我沒有自己想的那麼窮」的感覺，甚至真的能產生出感激與寬裕感，你全身細胞都會同意「這是真的」了。

又例如，你總覺得自己很孤單，常常覺得「這個世界很現實、很冷漠」，可是你的四周，真的沒有人在對你好嗎？真的沒有人對你釋出善意嗎？沒有朋友或同事曾經關心過你嗎？仔細一想，是不是其實也是因為你看不上眼，所以忽略了呢？如果你願意將這個「人際關係的衣櫃」好好翻出來一一檢視與整理，你會發現你真的忽略了一些確實存在的關懷，因為沒有去珍惜、也沒有善加回應，才使得它們在你的心裡變得微薄了。那麼，接下來要怎麼辦呢？就可以開始把這些給過你關心和善意的朋友、同事、家人，當作是你衣櫃裡重要的衣服，好好地去珍惜、去回應。

當你更重視他們的付出而心懷感激地回應時，你會發現他們給你的回饋是更強更快的，例如更多的來與你聯繫、給你更多的支持、甚至更多的照顧——因為他們本來就是對你不錯的人。於是你就會由衷地感覺到：我真的不孤單。

所以覺得自己「匱乏、不夠」的人，要如何產生出「真實的富有」的感覺？就是把你生活的各種有形無形的衣櫃，重新打開來，細心在裡面找到「你其實還有擁有的」，然後好好地去使用與回應這些擁有，那麼你就會開始體驗到生命中更多正向的能量，而開始能夠感到感謝！這便會讓你打從心裡面告訴你自己：「我不要再自憐自艾了，我要往前走！」

對的！請記住這種心境，這就是讓你開始脫離你的「受傷點」，讓你能夠切換平行宇宙，轉往幸福的方向走，所需要的能量形態。請與「我不甘心！我要變有錢！」這種心境比較一下，那是很不一樣的喔。

學習與致富有關的能力

總之，想脫離貧窮的人，第一步是去感覺到：「我並沒有那麼窮，我也能去改變！」有了這一步，你就可以邁向第二步驟了，第二步驟是開始去「學習與致富有關的能力」。

再次回到衣櫃的例子，若將衣櫃比喻為「你的現狀」，過去的你總是覺得很無奈、必須去接受它，因為你認為衣櫃裡的衣服真的不夠好，或不能因應某些場合。其實，這是由於你不懂得穿搭的技巧，也沒留意時尚的符碼，所以你使用起這些衣服時，穿出去給別人看到的感覺就會很「平凡」，甚至「窮酸」。

然而如果你開始學習穿搭，那麼學習之後的你去使用現有的這些衣櫃裡的衣服，就能穿出超越你之前所能呈現出的「質感」與「美感」了！並且，當你去買新的衣服時，也會比從前的你，更精準地買到能搭配原先舊衣，並且對你的形象真正有提升效果的服裝，加入這個衣櫃裡。於是，這個衣櫃就因為你的搭配能力提高，而愈來愈「豐盛」了（因你的搭配而使你衣櫃所有衣服的CP值不斷提升）。

「學習與致富有關的能力」也是如此，意味著就以你現有的資源，無論多少，去學習如何更有智慧地善用它們，創造下一個「更好的你」。例如在現在的人際關係上，你有朋友、也有對手，有討厭的同事、也有志同道合的人；而工作上，你有自己熟悉的領域、也有害怕的區塊，有過去累積的資源、也有目前看似不利的條件……這些元素就像一件一件的衣服，你是可以透過智慧，重新運用、組合他們，讓無論對方是敵是友、情勢是有利是有害，全部變成能讓你更上一層樓的旋轉梯。

想致富的人，需要學習的就是像這樣的能力；有這樣去學，才是所謂的「腳踏實地」。有些人認為自己有能力，但沒有機遇，或生不逢時，因而感覺到不得志，這種心情真的很鬱悶，也能夠體會；不過希望你相信，只要補足某個學習上失落的角度，你就可以看到自己真的開始往前走，而得到你一直期待的突破。

※（補充說明：同樣的，除了金錢，無論在哪個領域，人生要脫離受傷的點往前走，需要的永遠是學習「化淤泥為蓮花」的智慧。）※

而在這個步驟，尋找「良師」是非常重要的。世界上爬上頂尖成就的人裡面，只有極少數是無師自通的，其餘的大部分，都知道「找對人、跟著學」的重要性。「良師」會開啟你不曾去接觸的視野和角度，等於你在走一個迷宮時，老師是站在「出口處」那裡引導你、給你指示，當然你的路程就會比別人快很多。

你為什麼會窮？也許你交的朋友會讓你窮、也許你做事的心態會讓你窮、也許你的穿著會讓你窮、也許你的某些觀念和習慣會讓你窮……可是這些你自己看不出來，別人也不會告訴你的。那什麼時候你才會知道自己那樣做是錯的？反過來，要怎麼做人做事、該養成什麼習慣、該去見識什麼、該把錢投注在何處……你才會富有？既然那些都是你未曾經歷過、也不在你過去的活動選項中，又要到何年何月，你才會發現要那樣做才是對的呢？如果你有了良師，這些就不用全靠自己摸索了。

可是要「找對人、跟著學」，自己也是需要付出成本的，所以如果沒有經歷第一個步驟，心裡面充滿「我好窮」的匱乏感，一聽到該去上某種課程、或去諮詢老師要花多少錢時，即使明明覺得「這個老師有值得我學習的地方」，也會打消念頭的。

其實，人的財富會上不去的原因，就是在財富的功課上，有很多該學的沒有去學。例如你想要玩股票，都不想持續去關注這個市場，只想去跟風，那當然就很容易被坑殺，因為你等於進了賭場，卻一直在賭你其實不知道也不熟悉的東西。可是假如你願意在裡面好好去學，確實也有以你現階段的資本，可以穩贏的作法，這樣慢慢地你還是可以往上賺，甚至於將來學得精了，你也能一次賺到大金的。

跟著良師學習，創造雙贏

又例如現在很多人說經濟不景氣，台灣房地產不能做，其實也不是這樣。在這種時候仍然賺錢的人還是有的，但他們確實是少數，可是你也可以是那個少數，那你就要學習更進階的投資視野和智慧了。所以這又可以連結到這一篇文章〈「活在當下」嗎？你只是沒找到扭轉你未來的那顆按鈕〉（註）所說的：任何事其實都有解，都有事半功倍的路徑，也都能把絆腳石變成墊腳石，就看你能不能找到對你真正有幫助的「當下的那個按鍵」。那麼，想要更快找到這個按鍵嗎？那你就要去找到真正的良師，並下定決心去跟隨他學習。

也許有人看到這裡就感嘆：「真羨慕那些含著金湯匙出生的人啊！」但是你可曾知道，他們一出生就要面對比你更不單純、更偽善、更險惡的人際環境，所以也必須去學習很多功課，才不會被他人設計、陷害、利用（這些人甚至包括自己的朋友、親人……等）。中了樂透的人也是一樣，突然一下子有錢，也需要努力學習，才能夠有智慧去駕馭龐大金錢所帶來的種種壓力和問題，才能夠真的安享財富。所以只要是想承擔更多的財富，沒有人能夠不好好學習的。

如果一個人開始願意去學習，每次只要多學到一樣智慧，就比之前的自己「更富裕」了！這不止是實質的存款會增加，連心靈的富裕——所謂的「精神存款」也會增加。

第二個步驟與第三個步驟其實不是完全分開的，只要第二個步驟一直在持續進行，那麼你就可以同時展開第三個步驟，你的賺錢計畫自然就會因著你的學習，一直在一個修正調整的過程，而愈來愈具有巧思和智慧。

在整個過程中，還要常常回到感謝的心，去思考在致富之路上，如何同時去創造自己與別人（社會）的雙贏（因為唯有雙贏才能讓你的成功歷久不敗），這樣人生就真的一步一步地，日漸美好了（而不只是金錢數字的增加）。

最後，也許有的人想，致富之路和靈性之路有沒有關連呢？（或會不會抵觸？）這個問題可以這麼回答：大家都說「每個人來到這個世界上都有功課，每個人都要做他的功課」，沒有錯，但同樣的功課，有的人可以在比較好的環境下做，有的人卻必須在很艱困的環境下做——確實有這樣的差別存在，不是嗎？所以，是身處在一個四周都是漩渦要把你拉下去的地方做功課會比較好呢？還是要在四周有較多提升你的力量的地方做功課呢？相信每個人都希望是後者吧。

那麼，當你是用正確的道路致富的時候，你同時也是讓自己在愈來愈好的環境裡面，做你人生的功課的，因為這個富裕的局面裡已經包括了更多的益友、更多的良師、更多的貴人，以及你對人際、對社會、對人生更清晰的視野與覺醒，這種富裕會支持你的靈性之路，甚至會將你的靈性之路推向一世解脫的境地。

所以當致富之路是透過以上的三個步驟進展時，它不但不抵觸靈性，反而應該說，它是使得靈性之路呈拋物線揚升的，一條最有福氣的喜悅之道。

（註）〈「活在當下」嗎？你只是沒找到扭轉你未來的那顆按鈕〉一文可參見《放過自己，正能量就來了》。

☆如何讓自己走到開運的位置？

——新年豐盛祝福文

新的一年，如何把自己放在「開運」的位置呢？

先把答案直接告訴你，就是真的要像以前的人做的那樣做：除舊佈新。

怎麼做呢？例如車子有刮傷，你就去板金、烤漆；家裡要整理得乾淨明亮，然後插上鮮花（一定要是真的花，且最好是會香的）……做這些事，就能幫你的來年改運、提升運勢。

那「除舊佈新」要做到什麼程度呢？這個標準不是外在的，而是內在的，你要做到你真的會感覺「神清氣爽」的程度，那就對了。

高靈說，迎接新年最好的方式就是「除舊佈新」，做到有「神清氣爽」的感覺的話，就能幫你新的一年招來好運了。

那麼這原理是什麼呢？

第一：「除舊佈新」可以「接引財水」。

一般人過年的時候，都會希望來年的財運能夠興旺，所以習俗上也有「迎財神，接財神」之類的民俗活動。可是你是否想過，為什麼「迎財神、接財神」的時候，卻是要往扮財神爺的人身上塞紅包呢？其實它原始意義是：你要先把「財」丟出去，這個「財」才能牽引更多的「財」回來。這是非常正確的，因為宇宙運行的原理是：能量只會經過「能夠流動的點」。就像你把水倒進一個迷宮裡，只有真正的通路會一直能夠吸納水進來，其他的地方都會漸漸靜止。

所以想「接引財水」，你就不能都不去「給」，只想「得到」，這樣是不能成立的。你要願意先給出去，你所給出去的才會像「牛頓擺」那樣，經過一連串的碰撞，再回到你這裡來，而且還可能比原來得更多。

「除舊佈新」是要花錢出去的，因此當你是以喜悅的心情把這筆錢花出去時，你這個人就會變成宇宙間「喜悅的財運」的管道之一了，錢財就會在你這裡更流暢地出入。

第二：在新年花出去的錢，還會倍增地回收。

過年是一個大家都在慶祝或感恩的時候，整個社會的能量振動是比較高的。在這個狀態中，如果你也能以歡喜的心去除舊佈新，讓自己感覺到神清氣爽，雖然你花了一筆錢出去，但你的神清氣爽再加上集體意識正在開心喜悅，你的這筆錢就會好像是被彈射到意識頻率更高的領域去，在那裡產生一連串較好的因緣碰撞，所以它將會比在平常的時候，反射回更加吉祥的結果——也就是更多的有形財富或無形財富會回來。

這就是類似人家說：你跟有智慧的人在一起一個小時，收穫將大於跟平庸的人在一起一年。所以雖然無論在何時「除舊佈新」，對你的人生都是增益的，但是若是在過年的時候，效果會更勝於平日數倍。

第三：「好運氣」是需要「空間」擺放的。

最後還要告訴大家「開運」的一個重要的道理：以後你就想像「好運」是有長眼睛的，它是會「看」的，如果某個地方很狹小，容不下它，它就不會去；也就是你如果給它的「空間」很小，那你再怎麼希求它，它都是不會來的。那這個「空間」是什麼呢？就是你內心的「開闊度」。也就是說，一個人一定要騰出更大的「內在空間」，才有辦法「吸引」更多的好運進來。

那麼「除舊佈新」為什麼可以開運呢？也因為還有這一層原因：因為「除舊佈新」的過程，會再度鬆動、甚至鬆綁你固有的生活邏輯，讓你的心去看見更多生活的（包括待人處事的）可能性，所以事實上，你的「內在空間」也隨著除舊佈新的過程，變得更開闊了；而這個開闊度（又帶著神清氣爽的喜悅），便會讓你想用與原先不一樣的角度去經營未來，所以你更有可能在遇到某些舊思惟時，就瞬間轉念，切換到更好的新軌道上去運行了，因此你的人生當然會更好；而這當然也逐漸會顯化在你的金錢上，你會變得更富裕。

明白了以上的道理，那麼你就知道怎麼善用從元旦到農曆新年這段期間，讓自己在新的一年走上開運的位置了！

祝大家新年快樂！

☆為什麼你的生活必須「豐盛」？

為什麼你的生活必須「豐盛」呢？因為「豐盛感」是你的人生想要往上走，非具備不可的「本錢」！所謂的「豐盛」，就是你的心裡會「有餘裕」，而有餘裕的人，做事才會有「空間」，思考、想法才會有變化和創造力，那你的人生才會有本事往上走。

有沒有豐盛感，也受上一代影響

你現在能不能過得有豐盛感，跟你的上一代也有關係的，因為上一代的習慣會成為下一代的束縛。例如台灣五、六年級的上一代——二、三年級的人，因為戰爭或貧窮的關係，他們會習慣節省。本來節省並不是錯的，但是節省到後來，變成了習慣對自己吝嗇，「對自己吝嗇」就是一個很大的錯誤了。

對自己吝嗇的人，其實是變成了「只相信錢」的，他的心經常是處於一種「旋緊」的能量狀態，沒有餘裕。

例如有一些二、三年級的父母，因為出生的時代很窮，他們就很努力工作，也很努力存錢，存了錢也拚命去投資、買房，於是後來真的也變成了所謂的有錢人，可是他們過得並不「豐盛」；因為他們覺得錢很重要，又是好不容易才賺起來的，所以他們對於生活的享受和品質都很不注重，有好多的捨不得、甚至於窮酸。比如說人家送他什麼，他就會用人家送的，既然有可以用的，就捨不得去買自己真的喜歡、或品質真的好一點的東西來用。

或者家裡可能有很多居住上的問題，他都是只肯花小錢去做零零碎碎的修改，就是不肯請個設計師，好好把問題從根本上改變、把整個家升級。在他們的盤算中，總是覺得靠自己這樣弄弄就行了，但其實都是因為捨不得在湊合著用，所以有時候你到這些有錢人家裡去的時候，真的是會嚇一跳，他們把自己的生活過成這樣，可是子女每個都在國外念醫科、念博士。

確實，對於栽培子女，他們顯得是很捨得花錢的，可是這也不是因為「豐盛」，而是攸關面子與「延續自己面子」的事，才肯去砸錢的；他們的子女實際是覺得，在這樣的父母的眼皮底下生活很無趣、很有壓力（因為父母總是只在意他們的各種成績表現），所以這些子女長大以後，就會選擇跟父母親保持距離。

那這些父母便感覺到子女是不是翅膀硬了，怎麼就離得遠遠的呢？但他們不會檢討自己，反而會因為不安全感，就開始用金錢去控制小孩。例如在自己的住宅附近購屋給孩子，誘使小孩住得近一些；或是暗示聽話的孩子會得到最多的資金等等。那他們的下一代，如果是不貪圖父母財產的人，就會自己去好好工作、創造自己的一片天空；可是如果剛好也是比較沒有安全感的孩子，就會貪圖父母的錢，不會實實在在去做事，真的去為自己的人生負責了。他就會為了「錢」去討好父母，背離自己真正適合的方向，又壓抑自己很多對父母親的情緒，於是產生很多變態與扭曲，結果他的人生也會發展得不好，他也不能打從心裡感受到豐盛。

所以就存款數字而言，這種父母很有錢，可是他們一輩子都在為別人的眼光而活，活得很在意、無法自在，他們其實仍然是貧窮的。

另外一種二、三年級的父母，是金錢、心態兩者都貧窮。這些父母通常沒有遠見，不知道如何用錢去栽培自己或投資，賺的錢通常不知不覺就在生活中花光了，就這樣一直都不能存到第一桶金，甚至一直被帳單追著跑，於是他跟別人的財富距離就變得愈來愈遠，最後就墮入貧窮線以下了。然後一窮了以後，他的任何觀念想法，又變得更加保守，也變成了對自己吝嗇的人，該花的錢更不肯花（所謂的「人窮志也窮」），結果形成了一個貧窮的迴圈，即便在經濟起飛的時代浪頭中，他也沒能跟著水漲船高。

第三種父母，他們是真的心裡有「餘裕」，而能活出豐盛的人。他們的錢除了懂得拿去投資理財之外，也懂得拿去讓自己能夠享受生活，讓自己的心能夠因為得到滋養而「放寬」；而一個人的心是放寬的時候（也就是有餘裕），他思考事情，能夠接受的角度就會更多，應該投資的就會勇於去做，該花錢去享受的也不會省，於是他跟社會的接觸面就會比較寬廣，會看得到、也能理解時代趨勢。這樣的人做了父母，通常跟下一代的代溝就不會太大，因此這種家庭後來就會發展得比較好，除了真的會愈來愈富裕，父母晚年的時候，跟子女的關係也會比較和樂，這樣的家庭就會興旺。

這就是在二、三年級那一代的父母們，他們活出的三種家庭形態：有錢的貧窮、貧窮的貧窮，以及真正的豐盛。誰是哪一種家庭，相信你都可以在現實的生活中找得到對應的例子的。

那找到了以後，你不妨再去觀察那些家庭裡面的阿公和阿嬤，他們是怎樣習性的人？你就會看見上述講的這個脈絡（因果），是確實存在的了。

在豐盛中，才會看到「感謝」和「反省」，去為自己的未來「奉獻」

只有過得「豐盛」的這種家庭裡面的人，對人生是真的會有「感謝」的；同時，當他們看到那些「有錢的貧窮家庭」以及「貧窮的貧窮家庭」的生活模式時（看到別人的扭曲），他們更容易有所感悟（也就是「反省」）。於是他們會更加清楚什麼是對的方向，應該怎麼做，自己的人生及家庭，才會真的更感到喜悅與美好，那麼他們就會為這個未來繼續做出對的「奉獻」，於是他們的「豐盛」又更豐盛了。

所以為什麼「豐盛」很重要？因為處在豐盛中，你才會透過這個豐盛去看到「感謝」和「反省」，然後才會做出對的事情，去真正為自己的未來「奉獻」。你叫一個家財萬貫卻對自己很吝嗇的人去看到「感謝」是非常困難的；你叫一個活在貧窮線以下，每天心態很困窘的人去看到「感謝」，也是非常困難的。唯有「豐盛」，才會讓你擺脫以頭腦的「不安全感」去做決定的模式。

那麼你要怎麼開始起步，去進入「豐盛」呢？關鍵就是：當你「有」的時候，要從這個「有」去「感謝」和「反省」。有了感謝和反省，你會發現你的心就會開始有「餘裕」（這不是字面上看得懂的一句話，必須去實踐你才會真的「懂」），那麼你才會做得到該花的不會省、該開創的不會保守，於是無論你現在處於怎樣的光景，就一定會逐漸地往上走。

為什麼這樣做，人生一定會逐漸地往上走呢？因為有餘裕的人，就不容易被「頭腦的恐懼」和「不安全感」抓住，因為不容易被恐懼抓住，他才會重視生活的品質。可是「重視生活品質」的人因為有去做我們剛剛說的感謝，他並不會像有些人想的那樣，會變成任性揮霍的；反而，在他的「懂得生活」裡面，就會包括了從「感謝＋反省」而來的「奉獻」——也就是說，他還會更樂意去為周遭的人、為自己工作的品質付出多一些努力。於是因為重視生活品質，他會經年累月地接觸到好的人事物；而因為願意付出，樂意提攜他的貴人與好的機緣也會漸漸出現，那麼他的視野就會愈來愈寬廣、發展的機會也將愈來愈多，當然他人生就會一直往上走了。

反過來說，即使是本來賺到很多錢的人，如果一直活在不安全感中，內心沒有「餘裕感」，他也會讓自己和家庭，逐漸向下沉淪的。

例如他的生活沒有品質、觀念很狹窄，他的子女就會覺得窒息，想離他遠一點；可是這又讓他更沒有安全感，他就會連子女都想用金錢去控制。如果子女也被這些錢控制了，那就會形成一種「變態的你情我願」的需求，變成了乍看是父母子女，事實上卻是彼此在利用、在察言觀色的「間諜模式」。同時連這些子女們彼此之間，也都會陷入計較、競爭的關係之中，只是在父母還健在時，暫時維持著表面上的和諧而已，然而這些便埋下了日後所謂的「家道中落」或「富不過三代」的宿命了。

當然這種家庭裡面，也會有些活得比較健康的子女，是看得出父母親的恐懼與心機的，那他就會跟他的父母保持距離，自己去過好自己的生活。然而因為一份親情的牽絆，他們總會買一些比較好的東西來給父母使用，看他們是不是可以體驗到「豐盛」，改變對自己吝嗇的模式。可是這些父母反而會嫌棄這些他們送的東西，讓這樣的子女覺得很傷心，其實這些父母潛意識的OS是：「你為什麼沒有買最貴的給我？你應該要給我最好的。」

這就是一種變態的模式：他們自己都不給自己最好的，可是卻要求子女要給他們最好的。本來子女送東西最重要的是那份心意，但是他們已經看不到「心意」，他們只看得到「我們那麼辛苦把錢花在你們身上……」所以他們覺得他們要「最好的」。可是這些很有錢卻心態很貧窮的父母，過去又真的有「把錢花在子女的身上」嗎？其實是沒有的，他們只是把子女當作自己的投資標的，投資在「自己的期待上」而已。有些孩子試圖努力去影響父母，希望他們快樂一點，可是在這個過程中，如果沒有智慧的話，就會不斷折損自己，變成一個總在心裡哭喊著：「我這麼愛你們，可是為什麼你們就是一直看不到？」的人，然後他就更努力的想證明自己的能力和對父母親的愛，於是反而變成了「討愛的小孩」，繼續在不斷地挫敗中受苦，掉進了憂鬱的漩渦了。

這種父母常常導致親子關係愈形惡劣，甚至破裂。高靈說，華人有很多富裕階層的家庭關係都是這樣的，後來就演變成，那些心態上比較健康的小孩，自己出去過自己的日子，頂多就是三節回來吃吃飯、包包紅包、做個表面。那麼何以致此呢？就是因為這個家庭的父母那一代，習慣把自己過得很緊，對於自己的擁有，早就沒有了「感謝＋反省＝奉獻」了。

所以，不用去羨慕人家是含著金湯匙出生，有錢人家也不一定是在享受豐盛的。

「豐盛」是要讓自己能夠自由

因此換個說法，「豐盛」也可以這麼解釋，那就是：你要讓自己能夠自由。例如在有形的財富上，「自由」就是你能夠「移動」，你看得到哪裡有賺錢的機會，也願意去移動你自己的腳步去做；然而在無形的精神上，「自由」就是你不會活在不安全感裡面，當你「有」的時候，你是真的能夠感謝，因此心裡面有更多空間可以去「當用則用」的。

所以「豐盛」真的非常重要，如果你沒有為自己的生活注入豐盛感，就算有人跟你講了商機或哪裡有好的人事物可以去接觸，你也會看不到，或當作耳邊風，而裹足不前的，那你就會一直窮下去，自己卻不知道人生為何總是在原地踏步。

然而當你透過「感謝」與「反省」的實踐，開始在心裡產生出豐盛感時，你就會開始打破自己原先的觀念（恐懼與不安全感），看到「其實我的生活也可以是如何如何的呀……」，當你心裡有這句話時，那麼恭喜你！這就代表著你已經看到一個屬於你自己未來的「豐盛畫面」了，這個看見就會成為你往前走下一步的希望與動力。這時候你再去想想以前的自己都在想什麼、做什麼？你就會發現，幾乎都是為了「別人眼裡對你的看法」、「想要別人看得起我」……你都是為了這些在活的。可是在看見「豐盛」的時刻，你會很清楚地明白，那些都好沒有意義啊！

這時候才是「你終於看到屬於你自己的那一條路」了，而這條路，也就是佛陀真正想對世人開示的「讓你自己成佛」——成就「你獨特的佛國世界」——的那一條道路！

所以所謂的「成佛之路」是什麼呢？就是透過「覺醒」，知道怎麼去為自己「奉獻」，而成就了自己生命的「豐盛」。

而宗教裡說的「進入天堂」，不是別的，亦是如此！所以如果你還在世的時候，你都不懂得如何讓自己活得豐盛，那你說你死了想要進天堂，你是進去不了的喔！你是沒有那張門票的。

所以你要怎麼走向「佛國世界」呢？「豐盛」就是那條路徑。每個人都應該很實際地在生活中，去找到你在「學習豐盛」上，下一步該做的事，這樣的「修行」才不會變得虛無飄渺。

高靈說，當你真正走在這條「學習豐盛」的道路上時，你再去看佛經，它們對你才會是有意義的，你才不會一直停留在唸誦或頭腦的說文解字的階段。因為「學習豐盛」的過程，就會帶給你許多具體而微的經驗，讓你去跟佛經做印證，去明白以前過來人（佛、菩薩）的經驗，那你才會真正了解很多的「大道理」的！

如果你不是這樣去讀佛經，而是把它當作護身符一樣的唸誦，因為脫離了在實際生活去學習變得豐盛，那你只會愈唸愈愚痴，愈愚痴就會愈沒有安全感，就反而變成另外一種「被宗教控制」的模式了；而這種被操控的模式，其實是佛陀很不想要大家墮入的，因為這就是「睡著了」。

學「佛」就是要學「覺醒」；學「覺醒」就是要你從你的現實生活中去看清楚，看清楚你的每一刻、看清楚環繞著你的每一件人事物，你才能夠從這個現實生活裡面去得到滋養和成長。而「豐盛」將是「覺醒」之後的必然，也就是走入菩薩道的風光，它是能夠讓你和你的世界走向雙贏，並且使你獲得「正知正見」的真正關鍵。因為在「豐盛」裡面，就含藏著自然而然讓你從貪嗔痴中脫離的、那個真正的「般若智慧」。

⊙ 作者介紹

章成

靈修導師，資深廣播人，三屆金鐘獎得主。首位受邀於中國銷售第一女性時尚雜誌《悅己 SELF》，開闢人生智慧專欄的台灣靈性作家，連載三年半，大受好評。長年樸素禪修，創辦「心的智慧」課程，及「一對一高層意識通靈諮詢」等，教學風格通解靈性和生活語言，讓學生容易地體會關鍵道理，輕鬆、明亮的修習。著作：《心經》、《地藏經》、《人生最有價值的事，是發現自己在重複》、《都可以，就是人覺醒》、《理念崛起》、《回家》、《奉獻》、《神性自在》、《與佛對話》（以上均為商周出版），《不失去快樂的秘密》、《你就是幸福的源頭》（以上均為天下文化），《絕望中遇見梅爾達》（方智），《一生，至少該有一次說走就走》（我們）、《大自然健康密碼 CD》（風潮唱片）。

部落格：章成的好世界　　臉書粉絲頁：章成

國家圖書館出版品預行編目 (CIP) 資料

讓我的功課，變成我的精采：成功、金錢，豐盛與向
走的智慧 / 章成著 . -- 初版 . -- 臺北市：商周出版
：英屬蓋曼群島商家庭傳媒股份有限公司城邦分公
司發行 ,2021.03
面；　公分
ISBN 978-986-5482-13-8（精裝）

1. 成功法 2. 自我實現

177.2　　110002575

讓我的功課，變成我的精采：成功、金錢、豐盛與向上走的智慧

作　　者　章成
責任編輯　徐藍萍

版　　權　黃淑敏、吳亭儀
行銷業務　王瑜、周佑潔、華華
總 編 輯　徐藍萍
總 經 理　彭之琬
事業群總經理　黃淑貞
發 行 人　何飛鵬
法律顧問　元禾法律事務所　王子文律師
出　　版　商周出版　台北市 104 民生東路二段 141 號 9 樓
電話：(02) 25007008　傳真：(02)25007759
E-mail：bwp.service@cite.com.tw
發　　行　英屬蓋曼群島商家庭傳媒股份有限公司城邦分公司
台北市中山區民生東路二段 141 號 2 樓
書虫客服服務專線：02-25007718　02-25007719
24 小時傳真服務：02-25001990　02-25001991
服務時間：週一至週五 9:30-12:00　13:30-17:00
劃撥帳號：19863813　戶名：書虫股份有限公司
讀者服務信箱 E-mail：service@readingclub.com.tw
香港發行所　城邦（香港）出版集團有限公司　香港灣仔駱克道 193 號東超商業中心 1 樓
E-mail: hkcite@biznetvigator.com　電話：(852)25086231　傳真：(852)25789337
馬新發行所　城邦（馬新）出版集團 Cite (M) Sdn Bhd
41, Jalan Radin Anum, Bandar Baru Sri Petaling, 57000 Kuala Lumpur, Malaysia.
Tel: (603) 90578822　Fax: (603) 90576622　Email: cite@cite.com.my

封面設計　張燕儀
印　　刷　卡樂製版印刷事業有限公司
總 經 銷　聯合發行股份有限公司　新北市 231 新店區寶橋路 235 巷 6 弄 6 號 2 樓
電話：(02) 2917-8022　傳真：(02) 2911-0053

■2021 年 3 月 18 日初版

城邦讀書花園
www.cite.com.tw

Printed in Taiwan

定價 450 元

 ISBN 978-986-5482-13-8

⊙【轉化人生的藝術】系列單堂課程

為了讓大家能夠接觸到章成老師只在過去的課堂中講授過，沒有在網路文章或實體書中傳遞過的高靈訊息。我們分設十一個主題，分別開設一堂「單堂課」，與有心做更上一層樓的學習的您分享。

您可以只針對任何您有興趣的單一堂課；或其中幾堂課自由報名參加。每堂課的時間都是 1.5 小時，主講的老師都已跟跟隨章成老師學習多年，也會現場與參加者進行問答及討論。

以下列出十一堂「單堂課」的主題，欲報名與了解詳情，請掃描下面所附之 QR CODE，進入網頁查詢。（本課程每月循環，所以這個月某堂課的日期過了，您可以等待下個月再參加。）

〈單堂課主題列表〉

1. 回春之泉——找回青春的心，再被宇宙愛一次
2. 告別貧窮的富貴心法
3. 揮別沉悶，活出人生的甜度——談「正向的整理、負向的整理」
4. 你充電比人家慢嗎？——來學習更有效的休息法
5. 不再逃避，不再憂鬱——給我振奮人生的強心劑
6. 再見！我的無價值感——分辨頭腦和心，活出自己的尊貴
7. 你愈要，愈要不到嗎？——談宇宙的「DNA 反轉法則」
8. 原來我是這樣來地球——談靈魂投生的原理
9. 花若盛開，小人也來——搞對你的吸引力法則
10. 家庭關係的相欠與雙贏
11. 走過幽暗低谷，親手再植夢田——神佛如何幫助一個人

心存善念
福氣綿延